Hagen Paluschtzik

Ehe oder die Logik der Scheidung

www.logik-der-scheidung.de

© 2014 **Hagen Paluschtzik**

Mobil 0171 – 753 9617
Mail ehe@logik-der-scheidung.de
Homepage www.logik-der-scheidung.de

Herstellung und Verlag: BoD – Books on Demand, Norderstedt

ISBN 9783734762543

Printed in Germany

Das Werk, einschließlich seiner Teile, ist urheberrechtlich geschützt. Jede Verwertung ist ohne Zustimmung des Verlages und des Autors unzulässig. Dies gilt insbesondere für die elektronische oder sonstige Vervielfältigung, Übersetzung, Verbreitung und öffentliche Zugänglichmachung.

Bibliografische Information der Deutschen Nationalbibliothek: Die Deutsche Nationalbibliothek verzeichnet diese Publikation in der Deutschen Nationalbibliografie; detaillierte bibliografische Daten sind im Internet über www.dnb.de abrufbar.

Inhaltsverzeichnis

Vorwort 9

Über den Autor 13

An die Leserin und den Leser 16

Sind Sie bereit? – Es geht los! 18

Beziehungs-ABC 20

Eva und ich haben uns auseinandergelebt 34

Ich würde ihre Eltern auch gern mögen 49

Mein zweiter Mann und unsere Kinder 60

Die Prüfung von „Ich liebe Dich" 71

Schon okay – Du das Studium und ich die Kinder 76

Zärtlichkeit, Nähe und Sex ...schön war die Zeit! 86

Unser Sohn und unser Enkel sind auf dem Holzweg 94

Mister Livingstone ist viel netter zu Mama als du 103

Und dabei lieben wir Euch beide 115

Alkohol, Gewalt, Lügen – es gibt auch Kurzgeschichten 133

Der Wandel ist die Beständigkeit des Seins 140

Kann ein Klassentreffen eine Beziehung zerstören? 142

Aber du hast doch früher so gern getanzt! 153

Arbeitest du zu viel… vernachlässigst du sie! Arbeitest du zu wenig… bist du vielleicht ein Versager! 156

Du und Karriere – Schuster bleib bei deinen Leisten 160

Schlusswort und Ausblick 163

Für meine ganze Familie

Tante Emma und Onkel Max

Vorwort

Wenn Ihnen manche Geschichten, Hilfen und Lösungsansätze zu einfach erscheinen, dann haben Sie die Spielregeln einer guten Beziehung noch nicht verstanden.

Es ist einfach, aber nicht immer leicht und vielleicht hilft Ihnen nur ein Satz oder nur ein Wort in diesem Buch.

Dieses Buch kann gut tun.

Dieses Buch kann wehtun.

Dieses Buch kann Ihre Freude verlängern.

Dieses Buch kann Ihr Leiden beenden. *Ehe oder die Logik der Scheidung* ist bitte in keiner Form ironisch, provozierend oder zynisch zu verstehen. Dafür ist dieses Thema viel zu ernst. Vielmehr sind der Titel und die sehr unterschiedlichen Geschichten als eine Art Hilfsmittel und zur Sensibilisierung beider Partner und manchmal auch der Kinder gedacht. Sie selbst werden nach der Lektüre vielleicht auch Menschen und Beziehungen in Ihrem Umfeld sensibler beobachten. Für mich und viele, die an diesem Buch direkt oder indirekt beteiligt waren oder ihre persönlichen Erlebnisse mit eingebracht haben, war und ist dies der perfekte und optimale Titel.

Nennen Sie es Teufelskreis, Kursabweichung oder Ignoranz von Warnsignalen. Wenn unser Auto merkwürdige Geräusche von sich gibt, dann fahren wir in die Werkstatt. Wenn der Föhn zu heiß wird, schalten wir ihn ab oder er schaltet sich von selbst ab. Mit dem wichtigsten, was wir haben, nämlich unserer Beziehung und unserer Familie gehen viele von uns geradezu fahrlässig um. Wir denken, das wird schon, wenn sich ein Partner zurückzieht oder nur einer der beiden sich weiter entwickelt. Streit, Wut und Enttäuschung gehören in jeder Familie dazu und sollten nicht überbewertet werden.

HALT! STOPP!

Wundern Sie sich mit dieser Einstellung bitte nicht, wenn Sie in der nächsten Statistik des Bundesamtes in der Spalte „Scheidungen" mitaufgeführt werden. Die Scheidungsrate ist in Deutschland seit Jahren enorm hoch. Dabei wird der Scheidungsantrag deutlich häufiger von Frauen als von Männern gestellt. In den wenigsten Fällen beantragen beide Partner die Scheidung. Etwas weniger als die Hälfte aller Paare hat Kinder unter 18 Jahren. Und vergessen Sie bitte nie, dass Sie Ihre Partnerin oder Ihren Partner mal geliebt haben und Ihr ganzes Leben mit ihm oder ihr verbringen wollten.

Und nochmal STOPP!

Kommen Ihnen die folgenden Gedanken auch bekannt vor? Wir stehen bei der Weihnachtsfeier vor einem riesigen und übervollen Buffet. Das Einzige, was uns wirklich auffällt und auch unzufrieden stimmt, ist die Tatsache, dass keine Servietten zu finden sind.

Wir holen unser neues Auto beim Händler ab. Ein wirklich schöner Moment. Wir Menschen sind aber in der Lage, anstelle von berechtigter Freude genau in diesem Moment Ärger oder Enttäuschung zu empfinden. Wir konzentrieren uns nicht auf unsere fahrbereite und tolle Neuanschaffung, sondern entdecken an den Autos, die links und rechts stehen diverse Eigenschaften und Ausstattungsmerkmale, die unser Neuwagen nicht hat. „Da drüben, der grüne Wagen mit dem Motor von dem da und diesem Getriebe – das ist mein nächstes Auto." Was bedeutet dieses Gedankengut für eine Partnerschaft? Richtig! Die Figur von der Briefträgerin mit den Haaren von der Nachbarin, dem Gang von der Kollegin, den Sprachkenntnissen meiner Frau und den Kochkünsten von Mama.

Sie wissen schon, für was ich Sie, liebe Leserin und auch Sie lieber Leser sensibilisieren möchte. Unsere Partner können nicht am Mittag kurze blonde Haare haben und am Abend eine rote Löwenmähne. Ihr Partner ist vielleicht 1,69 Meter groß und sieht beim Basketballspiel im Vergleich zu den anderen echt winzig aus. Er ist aber der

Mensch, in den Sie sich verliebt haben. Lassen Sie uns immer fair mit unseren Partnern umgehen. Wir verlieben uns in einen Menschen, weil er so ist wie wir ihn kennen gelernt haben und nicht weil er sich besonders gut oder schlecht verändern lässt.

Über den Autor

Hagen Paluschtzik liebt seine Familie: seine beiden Kinder und seine Frau, mit der er seit über 27 Jahren zusammenlebt und zwei Kinder hat. Hagen Paluschtzik arbeitet seit vielen Jahren mit Weltkonzernen im Bereich der Kundenberatung zusammen. Als Führungskraft, Ausbilder und Networker lernte er Tausende von Menschen kennen. Dazu kommen noch viele Kontakte aus seiner Zeit als Sportler. Sogar in seiner Schulzeit tat er sehr viel dafür, dass er viele Menschen kennenlernte – zweimal verließ ihn die komplette Klasse. Beruflich wie auch im Sport gab es viele Höhen und manche Zeiten mit besonderen Herausforderungen. Was es aber immer gab, waren die Menschen, die ihn begleiteten. Hagen Paluschtzik liebt alle Arten der Kommunikation. Ob am Telefon, per E-Mail, mit Händen und Füßen oder auch mal mit einem von Hand geschriebenen Brief. Die höchste Form der Kommunikation ist für ihn aber das direkte Gespräch, Auge in Auge, und manchmal ohne jedes gesprochene Wort. In diesen feinen, sensiblen Momenten lernt er die Menschen wirklich kennen und schätzen.

Die Basis einer jeden funktionierenden Kommunikation ist der RESPEKT! Ist dieser vorhanden, ist der Weg zur Sympathie, zum Vertrauen, zur Wertschätzung, zum Sich-fallenlassen geebnet. Es waren tolle Menschen dabei, ja sogar faszinierende Persönlichkeiten: Es gab äußerst einfach gestrickte Spitzenverkäufer und hochintelligente, permanent erfolglose Menschen. Es gab laute Wichtigtuer und leise Hochleister. Lernte man diese Menschen wirklich kennen, so fielen immer wieder die gleichen Wünsche, Verhaltensmuster, Fehler und Irritationen auf. Im tiefsten Inneren sind die meisten Menschen viel bescheidener, als sie von ihrem Umfeld wahrgenommen werden. Selbst die Lauten brauchen nicht wirklich die teure Uhr oder den roten Sportwagen. Was wir aber alle benötigen, ist Anerkennung.

Egal ob es ein Lächeln, ein Lob oder ein kleines Geschenk ist. Echte Anerkennung bedeutet für uns Seelenfrieden, Glück, tiefe Freude und echte Entspannung. Wenn wir dann noch gesund sind und positive und interessante Menschen zum Kommunizieren haben, sind wir reich – (fast) unabhängig vom Inhalt unserer Geldbörse. Fehlende Anerkennung und wenig oder sogar schlechte Kommunikation sind die tragenden Säulen für die meisten Fehlentwicklungen in unseren zwischen-menschlichen Beziehungen. Beziehungsprobleme, Streit und Trennungen gibt es bei vielen dieser Menschen und den meisten von uns, immer und völlig unabhängig von Erfolg, Wohnort oder anderen Aspekten. Diese Trennungen gab und gibt es im ersten, im fünften und im zehnten Jahr und auch noch zur Silberhochzeit und später. Gemeinsame Investitionen, Unternehmensgründungen oder sogar Kinder haben zwar den Zeitpunkt des Auseinandergehens in Einzelfällen verschoben, aber die Trennung selbst sehr selten verhindert.

An die Leserin und den Leser

Sie werden beim Lesen der sehr unterschiedlichen Geschichten permanent an Menschen aus Ihrem Umfeld denken. Dies ist absolut selbstverständlich, weil wir alle in der gleichen Welt leben und Tag für Tag sehr ähnliche Anforderungen erfüllen müssen. Mit dem Lesen der Geschichten eröffnen sich Ihnen im besten Fall Möglichkeiten und Wege, Ihre Beziehungen möglichst langlebig und glücklich gestalten zu können.

Ich wünsche Ihnen beim Lesen nicht nur Freude und gute Unterhaltung. Ich wünsche Ihnen, mir und besonders unseren Partnern und Familien mehr Sensibilität und hin und wieder etwas mehr WIR- und weniger ICH-Gefühl. Genau mit diesem wichtigen und hochinteressanten Aspekt werde ich das Buch beginnen. Aber zunächst lernen Sie mein ganz persönliches „Beziehungs-ABC" kennen. Ich freue mich über jede Anregung, jedes noch so kleine Erlebnis von Ihnen und auch auf Ihre persönliche Geschichte. Vielleicht schreiben wir das nächste Buch ja schon gemeinsam. Entscheiden Sie am Ende selbst, ob es für Sie ein Roman, ein Ratgeber, ein Sachbuch oder vielleicht sogar eine „Bedienungsanleitung" ist.

Kann es sein, dass Ihnen die eine oder andere Geschichte zu naiv, zu kompliziert, zu einfach oder viel zu schwierig ist? – Natürlich kann das sein – es ist sogar ganz selbstverständlich.

An diesen Stellen werden viele Leser spüren, dass Sie selbst manchmal den (zu) leichten Weg tendieren oder auch mal zum falschen Zeitpunkt Übermengen an Energien und Emotionen investieren.

Mit sehr freundlichen und zukunftsfrohen Wünschen

Ihr Hagen Paluschtzik

Sind Sie bereit? – Es geht los!

Damit wir alle verstehen, um was es in einer Beziehung wirklich geht, habe ich mein persönliches „Beziehungs-ABC" geschaffen. Es ist das Ergebnis von vielen Gesprächen mit Frauen und Männern verschiedener Generationen. Manche dieser Menschen hatten eine oder wenige und andere hatten sehr viele Beziehungen. Wie so oft gibt es Anhänger unterschiedlicher Ideologien. Während die eine oder der andere auf den einen Partner für das ganze Leben schwören, gibt es andere, die, aus welchem Grund auch immer, auch beim Thema Beziehung den Wechsel und die Veränderung anstreben. Wer hat jetzt mehr Recht und wer weniger? Was ist besser oder weniger gut? Vergessen Sie diese Fragen und konzentrieren Sie sich auf das Wesentliche, nämlich auf sich und auf Ihre Partnerin und Ihren Partner. Dabei ist es auch unerheblich, ob Sie schwul sind oder in einer lesbischen Beziehung leben oder ob ein größerer Altersunterschied bei Ihnen und Ihrem Partner gegeben ist.

Jetzt habe ich doch noch was vergessen: Dieser Gedanke kommt nicht von mir, sondern von einer mir bekannten Trainerin. Ihr Name ist Anna und sie hat meistens Recht. Ich erwähne Annas Gedanken, weil sie mich von ihrer Richtigkeit überzeugt hat. Sie sagt, dass sich jede Leserin und jeder Leser einen Block und einen Stift neben das

Buch legen soll. Wenn möglich sollte das Handy ausgeschaltet sein und der Festnetzanschluss empfängt die Gespräche mit dem Anrufbeantworter. Kein Radio und kein Fernseher laufen im Hintergrund und die Kinder sind aus dem Haus. Es sollte ruhig sein, nur Sie und das Buch. Mein ergänzender Vorschlag ganz zum Schluss: Stellen Sie sich Ihr Lieblingsgetränk in Reichweite und sorgen Sie für angenehmes Licht – allein diese Atmosphäre ist ja schon ein kleiner Urlaub. Vielleicht lesen Sie dieses Buch auch gemeinsam mit Ihrem Partner. Er ein Kapitel –Sie ein Kapitel. Sollten Sie zurzeit Ihr Singleleben genießen, können Sie ein kleines Spielchen parallel spielen:

Legen Sie doch mal Bilder Ihrer bisherigen Partner neben sich. Sie werden merken, dass Sie alle ihre wunderbaren Eigenschaften hatten. Das ist nicht Neues, ich weiß. Was aber hochinteressant sein wird, ist die Tatsache, dass Sie beim Lesen merken, warum Sie mit dem einen oder anderen Partner zu lange zusammen waren und warum es wirklich gescheitert ist. Trauriger Weise haben mir viele Gesprächspartner von Trennungen berichtet, obwohl sich beide Partner noch aufrichtig geliebt haben. Wir Menschen sind wirklich etwas ganz Besonderes – faszinierend und manchmal auch etwas verrückt.

Beziehungs-ABC

Erinnern Sie sich noch? Mein „Beziehungs-ABC" ist das Konzentrat von hunderten von Gesprächen mit Frauen und Männern aus allen Schichten und Altersklassen. Ich selbst habe dabei viel lernen können.

A

Aufmerksamkeit verhindert Routine. Erwähnen Sie lächelnd in einem Gespräch, wenn Ihr Partner sich Mühe gibt, etwas besser zu machen. Wir dürfen nicht immer alles voraussetzen. Der ständige Wille es besser zu machen, ist der wichtigste Schritt zum Ziel.

B

Bereitschaft Ihren Anteil beizutragen. Geben und Nehmen in einem für beide Seiten fairen Verhältnis und dies in allen Bereichen der Partnerschaft

C

Charakter haben wir alle und wir sollten zu Beginn der Beziehung darauf achten, ob die Basis für eine mentale und moralische Fusion vorhanden ist.

D

Druck ist für viele von uns zur Normalität geworden. Wir denken häufig nicht mehr darüber nach und rennen in unserem Hamsterrad auf der Stelle. Wir müssen uns aber nicht jedem Druck beugen. Eine gute Kommunikation und echtes Verständnis nehmen uns in vielen Bereichen unseres Alltags den Druck ganz oder teilweise. Dies gilt neben der Beziehung genauso für das Berufsleben und viele andere sogenannte Pflichten.

E

Emotionen sind das Ventil, welches **besonders Mütter** noch zu selten benutzen. Nennen Sie es Entspannen, Abschalten, Austoben oder sonst wie – Gefühle dürfen und müssen auch ausgelebt werden. Zorn, Wut, Enttäuschung und andere Empfindungen sind wichtig und müssen, genau wie positive Gefühle, ihren Platz haben. Sie dürfen nicht in sich rein gefressen werden. Passiert dies doch, ist das häufig der erste Schritt zum Rückzug, zur Stille und leider auch zur ersten kleinen Depression.

F

Freiheit ist so wichtig. Und wenn der Terminkalender noch so dicht ist und alle Ihre Hilfe wollen, sollten Sie immer versuchen sich Freiräume zu erhalten. Auch wenn sie noch so klein sind, bringen sie Ihnen das gute Gefühl, auch mal nur mit sich selbst zu sein.

G

Glück wünschen wir jedem Menschen und am meisten uns selbst und unseren Familien. Der altbekannte Satz „Jeder ist seines Glückes Schmied", findet leider zu selten wirkliche Beachtung. So wie der Schmied hart am Eisen arbeitet, müssen wir Tag für Tag vieles dafür tun, dass wir glücklich sind. Nur wenn wir eine gute Basis schaffen, können Zufriedenheit und Glück unsere ständigen Begleiter werden.

H

Harmonie ist, wenn es passt. So einfach hat mir das ein Herr in den hohen Achtzigern erklärt. Und wenn es mal nicht passt, dann müssen beide etwas rütteln und schütteln, bis es passt.

I

„Ich" sollte nicht zu häufig, aber auch nicht zu selten die Hauptperson in Ihrem Leben sein. Platon sprach hier bereits von einer ganz besonders wichtigen Form des Egoismus. Nur wenn es mir wirklich gut geht, kann ich eine Tankstelle für mein Umfeld und meine Familie sein. Gehen Sie also gut mit dem Menschen um, den Sie im Spiegel sehen – dieser Mensch hat es verdient.

J

Jammern bringt nichts und schon gar keine gute Lösung. Jammern ist auch eine Form der Kommunikation, aber bringt sicherlich keine Ansätze für eine dauerhafte und beidseitige Zufriedenheit. Erzählen Sie Ihrer Partnerin oder Ihrem Partner lieber, was Sie bedrückt und wie Ihr Lösungsansatz aussieht. Sollten Sie zu zweit nicht weiterkommen, denken Sie über einen von beiden Seiten anerkannten und geschätzten Vermittler oder Schlichter nach.

K

Kuss – wann haben Sie sich zum letzten Mal geküsst? Ja ich meine geküsst – nicht das Schmatzerchen oder das Küsschen. Zu selten, ewig her, nur beim Sex…Egal, machen Sie keinen großen Stress daraus, aber denken Sie gemeinsam darüber nach. Wehret den Anfängen! – Viele meiner Gesprächspartner haben mir erzählt, dass das Ausbleiben des Küssens (mit Zunge) der Anfang vom Ende war.

L

Liebe – was ist das? Jeder Mensch muss und kann seine eigene auf ihn bezogene und passende Interpretation finden. Für die meisten Menschen spielen Nähe und Distanz zum Partner eine ganz wichtige Rolle. Was gibt mir mein Partner, was ich von anderen Menschen nicht bekomme oder möchte? Frauen trennen Sex und Liebe viel deutlicher als Männer. Wie nah möchten Sie Ihren Partner oder Ihre Partnerin nach dem Sex bei sich haben? Die Antwort auf diese Frage kann Ihnen helfen die wahre Liebe in Bezug auf Partnerschaft und Zweisamkeit zu erkennen und zu genießen. Liebe ist die wahrscheinlich schönste und stärkste Quelle für unseren Seelenfrieden und unsere Lebensqualität.

M

Massagen sind ein fast magisches Beziehungswerkzeug. Sie lernen sich und Ihren Partner auf eine sehr vertraute und körperliche Weise kennen und die Gefühle von beiden sind wunderbare Gradmesser für die Tiefe und die Wertigkeit Ihrer Beziehung. Eine von beiden Partnern als angenehm empfundene Massage ist für die meisten Paare die optimale Grundlage für guten Sex.

N

Neid hat in einer funktionierenden Zweisamkeit nichts zu suchen. Dem Partner gönnt man das Beste und ist stolz auf alles was ihm oder ihr gelingt. Es ist nur wichtig, dass beide Partner ihre Erfolge haben. Die Karrierefrau mit dem putzenden Hausmann oder umgekehrt, klingt in der Theorie gut, funktioniert in der Praxis aber höchst selten.

O

„Ohren auf" heißt es immer, wenn man mit Menschen zusammen ist. Der liebe Gott hat uns *zwei* Ohren gegeben und *einen* Mund, damit wir nur halb so viel reden, wie wir zuhören sollten. Außerdem ist es eine Tatsache, dass ich mir selbst nichts Neues erzählen kann.

P

Pflichten sind uns selten so lieb wie unsere Rechte, aber sie können eine wertvolle Hilfe sein, wenn es um ein funktionierendes Miteinander geht. Wenn jeder seine Aufgaben kennt und zuverlässig erledigt, ist die Basis für den Seelenfrieden gelegt und beide Partner können sich auf das Leben mit Freude und Genuss konzentrieren.

Q

Qualität sollte immer unser Ziel sein. Völlig egal, ob es um den nächsten Fernseher, das Lernen für die Schule oder das nächste Candle-Light-Dinner geht. Planen Sie lieber seltener etwas Besonderes, aber belohnen Sie sich immer mit Qualität. Dies tut Ihrem Selbstbewusstsein gut und tankt Sie wirklich auf.

R

Respekt ist so unglaublich wichtig. Können Sie sich erinnern, wie Sie zu Beginn Ihrer Beziehung hochkonzentriert versucht haben, alles richtig und gut zu machen? Wie Sie im Zweiminutentakt Ihre Partnerin oder Ihren Partner gefragt haben, ob alles recht ist, ob es schmeckt, ob es zu kalt ist, ob er bleiben will oder ob sie gehen möchte. Tun Sie es wieder – ab sofort! Sie werden es selbst genießen und staunen wie gut dieses Verhalten allen Beteiligten tut.

S

Stimmung ist gut – Stimmung ist schlecht. So beschreiben wir kurz, bündig und für jeden verständlich, wie es auf einer Party oder auf einem Konzert war. Wie ist die Stimmung bei Ihnen zu Hause, beim Abendessen, im Bett oder beim Spieleabend? Sorgen Sie dafür, dass die Stimmung bei Ihnen gut ist, auch wenn Sie es sind, der schon häufiger den ersten Schritt gegangen ist.

T

Trennung ist nicht umsonst eines dieser T-Wörter: Tragödie, Tod, Tumor, Teufel oder auch Titanic. Die Entwicklung hin zur Trennung, die Trennung selbst und die Zeit danach sind ein Meer aus Tränen, tiefen Tälern, Schmerzen und Verletzungen. Aber selbst wenn Sie die Trennung nicht mehr verhindern können, sollten Sie weiterhin kommunizieren, den Respekt wahren und nie vergessen, dass Sie diesen Menschen einmal geliebt haben. Auch wenn dies sehr schmerzhaft für Sie ist.

U

Umfeld ist ein Geschenk, eine Belastung oder sogar der Grund, dass eine Beziehung nie eine Chance hatte. Lernen Sie die Familie und den Freundeskreis Ihres Partners oder Ihrer Partnerin kennen, bevor Sie größere gemeinsame Entscheidungen treffen. Wenn ein Mann dreimal in der Woche und jeden Samstag seine Kumpels treffen möchte, ist das nicht böse gemeint, aber was bedeutet es für Ihre Beziehung? Eine Frau, die täglich Freundinnen zu Besuch hat, kann der liebste Mensch auf Erden sein, aber welcher Mann macht das auf Dauer mit?

V

Vertrauen ist ein *MUSS*. Misstrauen beginnt in dem Moment, in dem man das Vertrauen ausgesprochen bekommt. Missbrauchtes Vertrauen bezieht sich oft fälschlicherweise nur auf Seitensprünge. Es kann aber auch sehr ernste Folgen haben, wenn größere Ausgaben nicht abgesprochen werden, riesige Haustiere von einem Partner angeschafft werden oder man sich einfach mal ohne Absprache für drei Wochen ausklinkt.

W

Ein **Wochenplan** gehört in das Büro oder in die Kantine. Ich habe nun aber auch von vielen Menschen die hohe Wertigkeit eines Wochenplans für Beziehungen erklärt bekommen. Jeder trägt zunächst seine persönlichen „Pflichttermine" ein. Dann bespricht man die restlichen zeitlichen Freiräume und kann sich z.B. die ganze Woche auf den gemeinsamen Besuch der Therme oder das Bowling-Turnier mit den gemeinsamen Freunden freuen. Dazu kommt sein Leseabend, während sie in der Volkshochschule Spanisch lernt.

X

Xanthippe ist wohl der Inbegriff des Frauentyps mit dem Mann und Frau nichts zu tun haben möchten. Sie war böse, zänkisch und soll ihrem armen Sokrates sogar den Nachttopf über den Kopf gegossen haben. Da lief wohl einiges falsch.

Y

Yin und Yang – immer wieder wird auf die etymologische Bedeutung der Schriftzeichen hingewiesen: Yang bedeutet *Sonnenseite eines Berges* und Yin *Schattenseite eines Berges*. Heutzutage, vor allem im medizinischen Einsatz des Yin/Yang-Konzeptes sind die beiden Wörter längst schon zu Abstraktionen geworden, die keinerlei spezifische Eigenbedeutung mehr haben. Es steht häufig nur noch für Gegensätze wie Mann und Frau, Himmel und Erde oder Licht und Schatten. Das sich Gegensätze auch wunderbar ergänzen können, kennen wir nicht nur vom kalten Vanilleeis mit köstlichen heißen Himbeeren.

Z

Zusammenhalten – In guten wie in schlechten Zeiten. Werden Sie Teamplayer in Ihrer Beziehung und in Ihrer Familie und erklären Sie auch Ihren Kindern so früh wie möglich, wie wichtig jedes einzelne Familienmitglied ist. Vergleiche aus dem Sport sind hier oft passend und hilfreich. Was wäre der Torjäger ohne die Flanken seiner Mitspieler oder der beste Dirigent ohne Orchester. Genauso braucht der Mann seine Frau, Kinder ihre Eltern und die Frau einen starken und positiven Partner.

Lassen Sie Ihre Familie in der Champions League spielen!

Bevor Sie jetzt die erste „Love-Story" zu lesen bekommen, möchte ich Ihnen noch von einer sehr schönen und Mut machenden Tatsache berichten. Meine Gesprächspartner haben in ihren teilweise sehr langen Leben wirklich alles erlebt. Freude, Stolz, kleine Wunder aber auch Tragödien, Schicksalsschläge und das komplette Paket an Prüfungen, die das Leben für jeden von uns bereithält. Es gab aber immer mindestens einen Fall oder eine Beziehung, die auch die härteste Prüfung bestanden hat. Wenn wir also die Bereitschaft haben jede für uns wichtige Aufgabe zu meistern, haben wir auch (fast) immer die Chance es zu schaffen.

Der Satz „Wo ein Wille ist, da ist auch ein Weg" sind für den einen Menschen lediglich 31 Buchstaben, für den Nächsten ist diese Einstellung die Basis für dauerhafte Aktivität, die uns Richtung Lösung führt.

*Achten Sie darauf, dass
Ihr Partner Sie fliegen lässt
und immer bereit ist,
Sie wieder aufzufangen.*

Eva und ich haben uns auseinandergelebt

Fast genau auf den Tag vor neun Jahren, spielte ich zum ersten Mal in meinem Leben Bowling. Es war eine sogenannte Sozialaktivität meines neuen Arbeitgebers und erwies sich als eine recht lockere und gelungene Firmenveranstaltung. Das Einzige, was nicht so locker ausfiel, war meine Wurftechnik. Meine neuen Kollegen verhielten sich mir gegenüber höflich und freundlich bis zu dem Moment, als ich mich auf der frisch gewachsten Bahn der Länge nach hinlegte und unter lautem Jubel auf der Nachbarbahn einige Pins abräumte. Einige Kollegen und Kolleginnen sprangen auf, um mir zu helfen, andere drehten sich weg, damit ich ihr Lachen nicht sehen konnte. Gott, war mir das peinlich, aber ich versuchte cool zu wirken und lachte, wahrscheinlich etwas überdreht, um zu zeigen, dass ich ein richtig netter Kerl bin, der gut damit leben kann, wenn seine Ungeschicklichkeit die Ursache für so viel Jubel und Freude bei seinen Mitmenschen ist.

Was ich nicht gleich bemerkte war die Stellung des Mittelfingers meiner rechten Hand. Er zeigte umgeklappt und ausgekugelt zielsicher auf meinen Ellbogen. Die aufkommenden Schmerzen waren das eine Problem, der Anblick dieser verrenkten Gliedmaße ein anderes. Jetzt lachten die Kollegen nicht mehr, ihre roten Köpfe wurden blass, aber keiner der Anwesenden machte Anstalten mir zu helfen.

Halt – Stopp, das stimmt so nicht. Eine Kollegin kam auf mich zu und sprach ganz ruhig mit mir. Sie tat mir gut. Sie stütze meinen Arm, sodass ich die Hand leichter nach oben halten konnte und schob mich mit einer ganz sensiblen Stärke Richtung Getränkeausschank. Sie bat den Barkeeper um ein Handtuch, eine Tüte Eiswürfel und die Telefonnummer des nächsten Krankenhauses mit einer besetzten Ambulanz. Seit meinem Unfall waren keine zwei Minuten vergangen. Dem Barkeeper ging es wie mir. Er tat ohne jedes Murren oder Nachfragen genau das, was meine neue Kollegin von ihm verlangte. Jetzt als wir beide saßen und sie schon den Arzt der Ambulanz persönlich am Telefon hatte und unseren Besuch ankündigte, sah ich sie das erste Mal direkt an. Erst einige Wochen danach wurde mir bewusst, dass ich mich genau in diesem Moment in sie verliebt hatte.

Ihr braunes Haar hatte sie nach hinten zu einem einfachen Pferdeschwanz gebunden und einige Strähnen ihre Ponys waren zu Seite gekämmt. Mit ihren dunkelbraunen Augen schien sie mir mitten in meine Seele zu schauen. Wenn sie lächelte hatte sie zwei kleine Grübchen in den Wangen, die ihr ein mädchenhaftes Aussehen gaben. „Ich bin Eva", sagte sie kurz und knapp und doch so gefühlvoll.

„Schloder, Matthias Schloder", erwiderte ich in einem unpassend sachlichen Ton und etwas verwirrt.

Später wurde mir klar, dass ich mit dieser Eva das Kurzinterview am Telefon geführt hatte. Da hat wohl doch beim ersten Kontakt schon irgendetwas gepasst. Eva hatte dies für sich behalten. In diesem Moment hätte ich mit zehn gesunden Fingern genauso tölpelhaft reagiert, denn Eva hatte in mein Herz, in meinen Kopf und wer weiß wo noch eingeschlagen wie ein Blitz. Sie tat mir gut, wenn sie sprach und auch wenn sie schwieg. Es war schön in ihrer Nähe. Und sie schien genau zu wissen was sie tat. Ich fühlte mich sicher in ihrer Gegenwart.

Wenn mir jemand gesagt hätte, dass ich schon vierzehn Tage später mit dieser Frau zusammenziehen würde, um mit ihr mein Leben zu teilen, hätte ich es sofort mit Begeisterung geglaubt. Ebenso hätte ich jeden für ahnungslos und verrückt erklärt, der mir von einer Trennung von dieser Frau nur neun Jahre später erzählt hätte. Aber genau so geschah es. Ich kann mich noch sehr genau daran erinnern, wie ich nach München in Evas Firma kam. Ich hatte mich für einen beruflichen Wechsel entschieden und war von einer kleinen Gemeinde im Sauerland in die Weltstadt München gezogen. Dies alles war kurz vor dem Ende meines dreißigsten Lebensjahres. Ein Freund hatte mir eine Stellenanzeige aus einem Wirtschaftsmagazin ausgeschnitten. Es wäre ein interessantes Unternehmen und ich sollte mir das im Internet mal anschauen. Das Anforderungsprofil würde ich erfüllen und das Gehalt wäre deutlich höher, als bei meinem damaligen Job. Also rief ich dort an und hatte ein kurzes Telefoninterview mit einer sehr selbstbewussten und doch netten Dame, einer Frau Eva Klaveris. Sie wäre verantwortlich für die Vorauswahl und ich sollte ihr mal meine Bewerbungsunterlagen zusenden. Etwa zwei Wochen später bekam ich eine Einladung nach München zu einer Präsentationsveranstaltung mit anschließendem Interview bei den beiden Geschäftsführern.

Ich war an dem Tag gut drauf, die Herren waren nett und fair und ich wurde sofort eingestellt. Wieder zu Hause angekommen klärte ich mit meinem Arbeitgeber die Aufhebung meines Arbeitsvertrages und lebte bereits eine Woche später in einer kleinen und feinen Wohnung, die ich von meiner neuen Firma vorrübergehend zur Verfügung gestellt bekommen hatte. Die darauffolgende Wohnungssuche öffnete mir an die Augen. Trotz meines höheren Verdienstes würde ich am Ende des Monats sicherlich nicht mehr Geld übrig haben. Die Preise im wunderschönen München waren nicht nur bei Immobilien von einer ganz eigenen Qualität. Die ersten Arbeitstage liefen angenehm und hatten nicht wirklich etwas mit Arbeit zu tun. Die Geschäftsführer stellten mich in allen Abteilungen vor und setzten mich bei jeder Vorstellung sehr geschickt und leicht versteckt immer mehr unter Druck.

Der Herr Schloder wird das machen, dort helfen, dieses Projekt leiten, Kunden gewinnen, Kollegen unterstützen und im Außendienst dann noch alle Kunden persönlich kennen lernen. Egal, ich hatte mich entschieden und würde mich zum größten Clown im ganzen Sauerland machen, wenn ich in München aufgeben würde und in meine Heimat zurückzukehren würde. Es gab kein Zurück! Am Montag der zweiten Woche saß ich mit einigen Kollegen in der Kantine und konnte beobachten, wie der Hausmeister sehr vorsichtig ein in Folie geschweißtes DIN-A4 Blatt mit Klebeband neben der Geschirrrückgabe anbrachte. Als wir nach dem Essen unsere Teller zurückbrachten konnten wir lesen, was auf diesem Papier stand. „Wir laden ein. Bowlingabend mit der ganzen Belegschaft. Treffpunkt am 20. März 1999 um 19 Uhr an der Bar im goldenen Pin."

Genau das ist die Bar wo ich Eva kennengelernt habe. Ich war pünktlich dort, trank den Begrüßungscocktail und das Schicksal nahm seinen glücklichen Verlauf. Kommen wie nun zurück zu meinem verletzten Finger am Bowlingabend:

Da ich mit meinem krummen Finger das Steuer kaum halten konnte, fragte ich Eva, ob sie mit meinem Wagen fahren wolle: „Nein, wir lassen Deinen Wagen stehen und wir fahren jetzt mit meinem Auto."

Da war es wieder. Höflich, korrekt, ein wenig freundlich aber ohne jeden Freiraum für eine zweite Meinung. Mein Finger verfärbte sich zwar blau und grün, aber die Schmerzen wurden immer erträglicher. Evas Nähe war einfach schön. Wir alle sagen ja immer, dass der Charakter zählt und das Äußere nicht so wichtig ist. Sie und ich wissen, dass dies in der Praxis meistens anders abläuft. Wir lernen häufig die liebenswertesten und tollsten Menschen gar nicht erst kennen, weil wir auf Grund von Äußerlichkeiten oder sogar von Meinungen anderer Personen dieses Kennenlernen gar nicht zulassen und ermöglichen.

Eva war sicherlich nicht der klassische Modelltyp, dem alle Männer in der Fußgängerzone nachstarren. Sie war und ist es heute sicherlich immer noch, 1,68 m und hat eine schlanke Figur. Für mich war Eva schön und begehrenswert. Ihre Art und ihre Ausstrahlung machten sie zu einer interessanten, attraktiven und niemals langweiligen Frau. Ich war beziehungstechnisch angekommen. Nach einer Jugendliebe, einer verheirateten Steuerberaterin und so mancher zwei-, drei- oder vier- stündiger Beziehung war ich aufrichtig verliebt und bereit für mehr. Ich zog bei Eva ein und erntete dafür die Bewunderung bei meinen Kollegen. Es wäre eine tolle Leistung in München so schnell eine schöne und bezahlbare Wohnung gefunden zu haben. Natürlich haben Eva und ich darüber gesprochen, wie wir unsere Kollegen und Vorgesetzten über unser Glück und unser Zusammenziehen informieren.

Es kam wie es kommen musste. Es gab die „Eva-Lösung": Keine E-Mail, keine Party, kein Rundruf – nein – Eva wartete in der Mittagszeit bis auch wirklich der letzte Tisch besetzt war, blies eine Papiertüte auf, und ließ diese zwischen ihren zarten Händen so laut zerplatzen, dass einige Mitarbeiter sich am liebsten auf den Boden geworfen hätten, um sich von ihren Wertsachen zu verabschieden. „Hallo, Ihr Lieben", sprach sie ruhig aber sehr verständlich. „Unser neuer Kollege, der Matthias Schloder und ich, haben uns schnell und kräftig ineinander verliebt und wohnen seit zwei Tagen gemeinsam in meiner Wohnung. Wir freuen uns, dass Ihr Euch freut und jetzt lasst es Euch schmecken." Keiner sagte etwas, alle hatten ihr Besteck abgelegt und der Raum war voll von Evas Energie und der Frage – und jetzt?

Diese Frage beantwortete unser technischer Hausmeister Herr Flachs genauso einfach wie passend, er begann zu applaudieren. Andere schauten sich um und begannen ebenfalls zu klatschen. Wenige Sekunden später war in der so tristen Kantine echte Stadionatmosphäre, also eine sehr schöne und positive Stimmung. In diesem Moment bildete ich mir ein, dass einige Männer mich und manche Kolleginnen meine Eva beneideten.

Die Bedenken, die wir hatten waren vollkommen unbegründet. Unsere Beziehung brachte an unserem Arbeitsplatz nicht die geringsten Probleme. Die klare Ansage von Eva hatte eventuellem Gerede oder Intrigen auf eine wunderbare Weise jegliche Chancen auf Entstehung oder Entwicklung genommen. War denn zu dieser Zeit in unserer Beziehung wirklich alles so schön oder gab es da schon Tendenzen in ungewünschte Richtungen? Klares Nein! Uns ging es gut. Wir hatten einen guten Job, ausreichend Geld, interessante berufliche Perspektiven und wir hatten das Wichtigste – wir hatten uns. Und wir hatten uns oft, viel, nah und schön. Wir schliefen mit einem Lächeln ein und wachten mit einem freudigen Gesicht morgens auf, denn neben uns lag die Person, die wir wirklich haben wollten.

Unsere Partnerschaft hatte die erste ernste Prüfung etwa ein Jahr später. Ich kam mittags in die Firma, weil ich den Morgen bei einem meiner Kunden verbracht hatte. Als ich ohne Anklopfen Evas Büro betrat, konnte ich wohl nicht verhindern, dass mir die Verwirrung ins Gesicht geschrieben stand. Eva wurde massiert. Okay sie und der Masseur waren komplett angezogen und er stand hinter ihrem Stuhl. Auch war ein Kollege im gleichen Raum am Kopierer zu Gange, aber was lief hier gerade für ein Film, in dem ich mit absoluter Sicherheit nicht die Hauptrolle spielte? „Hi Schatz", kam es völlig relaxed im Eva-Sound. „Das ist Marco, unser neuer Praktikant. Er ist gelernter Krankengymnast und offensichtlich der erste Mann, der beim Massieren einen Knochen von einem Muskel unterscheiden kann. Nicht aufhören, Marco." Ja, und ich hätte Marco gerne den Unterschied zwischen einem Schlag auf die Nase mit Boxhandschuh und einem mit bloßer Faust gezeigt.

Aber da stand ich ja drüber – nein, stand ich nicht. Ich drehte mich um und sagte: „Tschüss, bis später, ich muss mich auch erst etwas locker machen."

Da ich an diesem Tag noch ein Meeting hatte, fuhr ich nicht mit Eva zusammen nach Hause. Als ich den Schlüssel in der Wohnungstür umdrehte, die Tür hinter mir ins Schloss fiel und ich meine Schuhe auszog, um sofort den Spanner reinzustecken, hörte ich die Stimme meiner Partnerin: „Ich bin im Bad, komm doch auch in die Wanne. Es ist so angenehm."

Ich kann mich so genau an jeden meiner Gedanken erinnern. Warum badet sie? Was lief da noch mit dem Knetemännchen? Vielleicht saß der ja auch noch in der Wanne. Hatte ich im Treppenhaus Wassertropfen gesehen?

„Alles okay, Matthias? Du siehst so angespannt aus. Du hattest es ja heute tierisch eilig, als du bei mir im Büro warst."

„Lass mal gut sein. Ich geh nochmal eine Runde laufen und nachher werde ich duschen. Ich bin auch sehr müde und werde heute früh ins Bett gehen."

Was redete ich da nur? Ich war nicht müde und ich hatte Schmerzen an der Achillessehne. Heute würde ich sicherlich nicht laufen gehen. Eines wurde mir in diesem Moment klar – wir hatten unsere erste Krise oder hatte ich sie ganz allein? Ich zog die Nummer mit Laufen und Schlafen tatsächlich durch und wir sprachen an diesem Abend keine zehn Worte mehr miteinander. Eva wollte den Kontakt und das Gespräch – ich nicht.

Dieser Abend und vor allen Dingen mein Verhalten sorgten dafür, dass unsere Partnerschaft nicht mehr unbefleckt war. Wir hatten jetzt die ersten Maßeinheiten für Fehlverhalten in unserer Beziehung. Könnte ich die Uhr zurückdrehen, würde ich das Büro nach einer kurzen Begrüßung wieder verlassen und ihr unter vier Augen sagen, dass es mir nicht gefällt, dass sie sich im Büro von einem anderen Mann massieren lässt, und die Situation noch auf den Gipfel treibt, indem sie seine sensiblen Künste auch noch lobt und mich indirekt als grobschlächtigen Klotz hinstellt. Warum ich es nicht getan habe? Ich war mit der Situation überfordert und unsicher, wie Eva mit diesem Thema und meinen Gedanken umgegangen wäre. Wahrscheinlich hätte sie sich köstlich amüsiert und mich ausgelacht. Hätte sie vielleicht sogar den Respekt vor mir verloren und die Qualität unserer Beziehung und unserer Liebe in Frage gestellt?

All diese Gedanken waren zu viel für mich und ich verhielt mich falsch, indem ich mich für den Rückzug entschied. Der Praktikant war der Sohn eines Kunden aus Argentinien und flog noch am selben Abend in seine Heimat zurück. Ich schämte mich für meine Gedanken und Verdächtigungen. Die nächsten Jahre liefen von außen betrachtet ganz normal und unauffällig ab. Wir verbrachten nette Urlaube, stiegen beruflich auf und viele hielten uns für das ideale Paar. Nur wir selbst erkannten, dass wir nicht in der Lage waren unser beider Leben so zu verbinden, dass wir gemeinsame Aktivitäten und Pläne, aber auch ausreichende Freiräume für uns entwickeln konnten. Wir erkannten die Situation, konnten sogar in Ruhe darüber sprechen und wieder neuen Aktivitäten nachgehen.

Eva hatte Ihre Yoga- und ihre Spanischkurse. Ich war im Fitness-Center und ging jeden zweiten

Samstag mit einem Kollegen zum Angeln. Wenn man besprechen und planen muss, damit sich die Beziehung verbessert, ist das zwar ein interessantes, aber auch sensibles und gefährliches Thema. Wer gibt nach und wer fordert mehr gemeinsame Zeit oder Veränderungen, die aber dem Partner nicht gefallen? Sagen Sie doch mal Ihrem Partner, dass Sie mehr Zeit für sich brauchen. Mehr Zeit für mich, bedeutet meistens auch mehr Zeit ohne dich. Jetzt müssen Sie das zweifelhafte „Glück" haben, dass Ihr Partner der gleichen Meinung ist. Diesen Gedanken zu Ende gedacht, bietet sich hier theoretisch bereits eine Trennung an, denn dann hätten beide so richtig viel Zeit ohne den anderen.

Eva und ich sprachen offen aus, was wir dachten. Wir waren an einem Punkt in unserer Partnerschaft angekommen, der für viele Menschen schon das sichere Ende einer Beziehung bedeutet. Sie entwickelt sich schleichend, bis sie urplötzlich, gewaltig und unüberbrückbar vor einem steht – Routine! „Im Sommer fahren wir in den Urlaub, an Weihnachten sind wir erst bei Deinen Eltern und dann bei meinen Eltern. Das gute Besteck und die teuren Gläser benutzen wir nur bei Besuch. Sei bitte freundlicher zu den Nachbarn und mach die Musik leiser. Nicht wegen mir, aber das stört ja schon. Ja, unser Sexleben war auch schon besser, aber das wird schon wieder. Sonntag wäre doch gut." Wenn wir nichts verändern, verändert sich fast nichts. Die offensichtlichste Veränderung liegt in der Qualität Ihrer Beziehung. Sie kommen immer besser ohne den anderen zurecht und beginnen es sogar zu genießen, dass Sie Ihre kleinen Liebhabereien und Hobbies ganz ohne den dadurch gelangweilten Partner nachgehen können und sich auch keine ärgerlichen Kommentare anhören müssen. Das Alleinsein hat durchaus seinen Reiz, wie Sie vielleicht eines Tages feststellen. Jeder beginnt sein eigenes Leben zu leben. Dies kann über Jahre zur Gewohnheit werden und sicherlich für beide Seiten vollkommen unbefriedigend verlaufen. Bis es dem einen Partner reicht und er mitteilt, dass er beschlossen hat, auszubrechen und die Beziehung zu beenden. „Wir können Freunde bleiben", ist dann oft die Krönung der Fehlentwicklung, und Mann und Frau stellen sich die Frage, ob sie sich in den entscheidenden Situationen denn wie wirkliche Freunde verhalten haben. Ein echter Freund spricht alles an. Er kann den anderen auch nie verletzen, weil wirkliche Freunde genau wissen, dass der Freund immer nur das Beste für einen will.

Eva und ich hatten diese schwere Krise wirklich ganz genau im siebten Jahr. Wir kannten unsere Stärken und waren noch nicht bereit aufzugeben, denn eigentlich liebten wir uns doch. Sicherlich spielte es auch eine Rolle, dass unsere Trennung ein großes Thema in der Firma geworden wäre. Wir gingen sämtliche Kursangebote durch, kannten die Veranstaltungskalender nahezu auswendig und waren in unserem achten Jahr wirklich auf den verrücktesten Konzerten, in den ausgefallensten Restaurants und machten Probetrainings in fast jedem Sportverein und in diversen Tanzschulen.

Zugegeben, wir hatten Spaß, lernten viele Menschen kennen und hatten ein dichtes Programm, aber sobald wir allein waren, merkten wir, dass dieses Rahmenprogramm in unserer Beziehung nur überdeckt hat, was jetzt nicht mehr zu überdecken war. Wir hatten uns nichts zu sagen und waren bereit uns zu trennen. Ohne Streit, ohne Vorwürfe und mit den wirklich besten Wünschen für das Leben des anderen. Als ich am nächsten Tag zu meinen Eltern nach Hause fuhr, fragte ich mich die ganzen 600 Kilometer was mir jetzt fehlt und was hätte anders laufen können und ich fand meine Lösung: Eva und ich hatten wie viele andere Paare gelebt. Beruflich gaben wir Vollgas und in der Freizeit sorgten wir etwas für Abwechslung. Erst heute fällt mir auf, dass wir so gut wie nie mal nur geredet haben. Einen ganzen Abend mit ein oder zwei Flaschen Wein, einem tollen Essen und einem schier endlosen Gespräch. Immer waren Fernseher, Radios, Videoplayer, Handy oder Besucher die Störenfriede. Wie wenig hatte ich von Eva erfahren. Ihre tiefsten Träume, Wünsche, Visionen oder Ängste kannte ich nicht. Und das nach neun Jahren des Zusammenlebens. Auch ich bin ihr in vielen Bereichen ein Fremder geblieben.

Was ich gelernt habe, kann ich nicht sagen. Ich kann aber sagen, dass Vorsätze, alles besser zu machen, meistens nicht funktionieren, da ein neuer Partner ein anderer Mensch ist und die aufregende Thematik einer Beziehung oft ganz neu beginnt. Beziehung ist nicht wie Fahrradfahren oder Schwimmen. Diese Fähigkeiten bleiben Dir, einmal erlernt, immer erhalten. Eine Beziehung ist viel mehr. Sie ist wie der Job eines Tellerdrehers. Ständig will einer dieser Teller herunterfallen, weil er sich zu langsam dreht. Der Artist gibt ihm neuen Schwung, während ein anderer Teller schon wieder ins Trudeln kommt. Genauso ist unser Leben. Auf dem einen Teller steht „Liebe", auf dem nächsten steht „Finanzen", ein weiterer Teller ist mit „Kinder" beschriftet und auf dem vierten Teller steht „Beruf".

Achten Sie mit Ihrem Partner darauf, dass sich die wichtigsten Teller drehen und halten sie die Anzahl der Teller immer überschaubar. Die Teller mit „Traumhaus" und „Kreuzfahrt" sind nicht ganz so entscheidend und dürfen auch mal herunterfallen.

Matthias Schloder

*Die Lust zu spüren,
den Anderen zu berühren,*

*die Freude im Leben
mit dem Anderen zu reden,*

*den Himmel voller Geigen
und beim Lieben zu schweigen,*

*das Leiden ganz stark als Paar
zu ertragen,*

*die Freude auf Morgen
verkleinert die Sorgen,*

*die Kraft zum Bewegen
macht Mut und bringt Segen,*

*Sei stolz auf Dein Werk
und arbeite weiter,*

*Du wirst gut und noch besser
und viel öfter heiter.*

Ich würde ihre Eltern auch gern mögen

An welcher Universität haben Sie denn Jura studiert, Carsten?", fragte mich Judiths Vater mehr förmlich als freundlich.

„In Mainz", erwiderte ich.

„Und warum haben Sie sich denn nicht als Anwalt niedergelassen? Ich tat dies bereits zwei Monate nachdem ich die Universität, damals als Jahrgangsbester, abgeschlossen hatte. Hat Sie da der Mut verlassen oder was ist passiert?"

Ich hatte erwartet, dass mein erster Besuch bei Judith und ihren Eltern sehr steif und angespannt werden könnte. Die Kälte und die Distanz, die mir entgegengebracht wurden, übertrafen dann aber doch meine schlimmsten Befürchtungen. Mir ging es natürlich auch darum einen guten Eindruck zu hinterlassen, aber in erster Linie wollte ich, dass es Judith gut geht. Ihre Mutter verhielt sich neutral, kannte natürlich die Macken ihres Ehemanns und wollte einfach nur Harmonie und Frieden.

Ich habe während des Treffens auf meinen Instinkt gehört und mich an mein Studium erinnert: Einer der Professoren sagte immer den bekannten Satz – Angriff ist die beste Verteidigung! Ich, im Sternzeichen Jungfrau geboren, bat noch um etwas Wein, um etwas Zeit zu gewinnen und blies dann ruhig und mit sehr direktem Blickkontakt zur Attacke. Mir war natürlich bewusst, dass die nächsten Minuten dafür sorgen konnten, dass die anwesenden Menschen nie mehr in dieser Runde zusammen sitzen würden. „Herr Dr. Keller", begann ich betont freundlich und mit einem Lächeln, welches ich auch Frau Keller kurz zukommen ließ. „Wie alle Menschen auf dieser schönen Welt musste auch ich im Leben Entscheidungen treffen. Es waren kleinere, mittelgewichtige und besonders wichtige dabei. Die klügste Entscheidung allerdings, die ich je getroffen habe war diejenige, dass ich mein Studium der Jurisprudenz an dem Tag beendet habe, als ich mein erstes Staatsexamen erfolgreich abgelegt hatte." Ich hob mein Glas, prostete meinen Gesprächspartnern zu, und trank genussvoll einen großen Schluck von dem wirklich guten Merlot.

Meine Worte zeigten ihre Wirkung. Nicht wie nach einem Tiefschlag, sondern eher wie nach einer gelungenen Parade Riposte beim Fechtsport, also der erfolgreichen Abwehr eines Angriffs mit direktem Gegenangriff. „Wie darf ich das verstehen, Carsten?", fragte mich Dr. Keller, während er merkwürdig seine Serviette zwirbelte.

„Das ist ganz einfach zu verstehen. Ich versuche es Ihnen zu erläutern. Ich machte mein Abitur sehr locker und mit wenig Zeitaufwand. Damit ist auch der eher schwache Notendurchschnitt von 1,9 zu erklären. Und da ich schon immer Filme mit Gerichtsverhandlungen, Kreuzverhören und all diesen Themen gemocht habe, war die Entscheidung für ein Jurastudium schnell gefallen. Heute kann ich sagen – zu schnell."

Nachdem die Damen in die Küche geflüchtet waren, wo sie noch Vorbereitungen zu treffen hatten, kamen sie jetzt an den Tisch zurück, da die befürchtete Katastrophe bis dahin offensichtlich ausgeblieben war. „Die Studenten, die mich vom ersten Tag an der Universität umgaben", fuhr ich fort „waren überdurchschnittlich arm an Ausstrahlung und Lebensfreude. Viele waren durch familiäre Traditionen in diese berufliche Richtung gedrängt worden und hätten so gerne etwas anderes gelernt. Sie waren aber bereit ihre Wünsche und Träume zu begraben. Sie gaben offen zu, dass sie nach der Eröffnung ihrer Kanzlei käuflich seien. Natürlich wären Sie bereit, die Seite des Opfers zu verteidigen, aber auch der Mörder dürfe ihr Mandant werden. Noch heute fröstelt es mich, wenn ich an ihre stumpfen und gierigen Gesichter denke."

Um die Situation zu entspannen, startete ich den vergeblichen Versuch meiner eigenen Harmonielehre. „Selbstverständlich, Herr Dr. Keller, sind die meisten Unternehmer von Kunden abhängig und benötigen Umsatz und Gewinn. Heute kann ich mit Sicherheit behaupten, dass diese Runde mit meinen Kommilitonen die Basis dafür gelegt hat, den Beruf des Anwalts nie ausüben zu wollen. Und darauf bin ich sehr stolz. Ich möchte weder im Berufs- noch im Privatleben permanent damit beschäftigt sein, die Fehler anderer Menschen zu finden, die Menschen zu verunsichern und diese am Ende zu besiegen.

Wenn ich ständig dafür sorgen muss, dass Menschen verlieren, nur um beruflich erfolgreich zu sein, will ich das nicht tun. Können Sie das nachvollziehen, Herr Dr. Keller?"

Ich hatte mein Lächeln immer noch und fühlte mich gut. Jetzt lag es an meinem Gesprächspartner, wie die nächsten Stunden liefen. Er entschied sich dazu, unsere Unterhaltung konfrontationsarm weiterzuführen und schlug einen kleinen Spaziergang mit den Damen vor. Alle Beteiligten, so schien es, waren dankbar für diese Idee.

Was war passiert? Es war wie bei einem Duell, wie bei zwei Hähnen, die ihre Kräfte messen wollen. Ich hatte nicht im Geringsten Interesse daran, den Vater von Judith anzugreifen oder zu provozieren, aber er sollte es unterlassen, mich in irgendeiner unschönen Form anzugehen. Das wir beide einmal gemeinsam und ganz allein eine dreiwöchige Expedition im Süden Indiens machen würden, hätte zu diesem Zeitpunkt keiner der Anwesenden für möglich gehalten. Es sollte sogar der Tag kommen, an dem der eben geschilderte Vorfall beim Mittagessen für echte Tränen bei Herrn Dr. Richter sorgen würde. Und dafür gab es nur einen Grund. Ich bin im entscheidenden Moment nicht zurück gewichen sondern, im übertragenen Sinn, sogar noch einen großen Schritt auf das Problem zugegangen. Probleme, die nach einer sofortigen Lösung verlangen, werden in den meisten Fällen direkt oder nie gelöst.

Der Spaziergang war entspannt und interessanterweise hatte Judiths Mutter jetzt den größten Redeanteil. Sie berichtete von ihrer gelungenen Marmelade, von einer Brieffreundin und von ihrer Sorge, ob uns ihr Käsekuchen denn gleich bei einem Tässchen Kaffee erfreuen würde. Als wir alle den Kuchen zum zehnten und letzten Mal gelobt hatten, nahm Frau Keller ihre Tochter an der Hand und zog sie in die Küche. Im gleichen Moment bat mich Herr Dr. Keller in einer viel angenehmeren Art und auch mit mehr Respekt, ihm in die Bibliothek zu folgen.

Lief hier ein Plan der Eltern ab? „Weinbrand, Cognac oder Whiskey?" fragte er in einer Weise, die mich an meinen ersten John Wayne Film erinnerte.

„Ein Williams wäre mir angenehm", sagte ich fast ebenso stilecht.

Er reichte mir mein Glas mit einem offensichtlich sehr edlen Obstbrand, nickte mir zu und trank seinen Cognac etwas zu rasch aus, um sich dann noch einen kleinen Schluck nachzugießen. Ich trank ebenfalls und erfreute mich nach dem guten Essen an dieser ganz feinen Spirituose.

Es wäre übertrieben, wenn ich die Atmosphäre in der recht übersichtlichen Bibliothek als knisternd bezeichnen würde, aber eine gewisse Spannung war gegeben, denn ich fragte mich, wie es jetzt weitergehen würde. Ich schwieg und wartete unendliche 15 Sekunden. Dann begann Dr. Keller mit der Fortführung unseres Gesprächs. „Haben Sie Geschwister Herr Bayer?"

Ich war überrascht, denn beim Essen war ich doch noch Carsten. „Ja, ich bin in der glücklichen Lage, noch drei Schwestern und einen Bruder zu haben. Warum fragen Sie mich das, Herr Dr. Keller?"

Zum ersten Mal hatte ich das Gefühl, dass er nach Worten suchte und er nahm sich Zeit mit der Antwort und blätterte fast verlegen in einem offen rumliegenden Atlas. „Meine Frau und ich haben nur ein Kind, unsere Judith. Als Judith sieben Jahre alt war, hat sie ihre Zwillingsschwester Jutta verloren und wir unsere zweite Tochter. Es war der Sonntag vor ihrer Einschulung und die beiden sind den ganzen Tag mit ihren Schultüten umher gerannt. Durch das Haus, über die Felder, zu den Nachbarn und…", seine Stimmte stockte für einen Moment „leider auch über die Straße direkt vor unserem Haus. Wir saßen im Wohnzimmer und schauten uns eine Tennisübertragung an, während es draußen einen unglaublichen Krach gab. Wir rannten raus und sahen nur zwei Autos, schreiende Menschen, eine wie versteinert kauernde Judith und eine vollkommen zerstörte Schultüte am Straßenrand. Unsere Nachbarin, eine gute Freundin meiner Frau, stürzte auf meine Frau zu, umarmte sie und stammelte die ganze Zeit, immer wieder, dass alles gut werden würde. Was sollte gut werden? Was ist passiert? Wem ist etwas geschehen und wo um Gottes Willen ist unsere Jutta? Jutta lag auf der Straße, leblos und ohne jeden Kratzer. Es gab keinen Tropfen Blut und sogar ihr neues Kleid war vollkommen unbeschädigt. Aber Jutta war tot. Ein Arzt, der mit seinem Fahrrad vorbeikam und sofort Erste Hilfe leisten wollte, hatte versucht den Puls zu fühlen, sie zu beatmen und nach Eintreffen des Notarztes über dreißig Minuten versucht, Jutta mit allen Mitteln der Technik und bis an seine eigenen körperlichen Grenzen wieder ins Leben zurückzuholen. Judith hat darüber noch nie mit einem Menschen gesprochen. Die Autofahrer waren schuldlos. Beim Überqueren der Straße ist Jutta das Mäppchen aus der Schultüte gefallen. Dieses lila-rosa Mäppchen war ihr ganzer Stolz und sie rannte, ohne auf den Verkehr zu achten, auf die Straße. Der Fahrer konnte sie nicht sehen, sie kam aus einer Reihe parkender Autos gelaufen. Der Wagen des Familienvaters erfasste sie, Jutta brach sich das Genick und war auf der Stelle tot. Haben Sie eine Idee, warum ich Ihnen diese Geschichte erzähle, nachdem ich Sie so kurz kenne und fast nichts über sie weiß?"

Ich überlegte kurz und antwortete dann so einfühlsam wie ich nur konnte: „Als Vater oder Mutter ist es eines der wichtigsten Ziele im Leben, dass es den eigenen Kindern gut geht. Es soll ihnen an nichts fehlen und sie sollen ein sorgenfreies und glückliches Leben führen können."

Ich wollte weiterreden, aber mein Gegenüber unterbrach mich. „Als Sie heute Mittag unser Haus betraten, habe ich Sie natürlich begutachtet, das ist doch normal und Sie haben das ja auch erwartet. Der Mensch, den ich aber viel mehr beobachtet habe, war meine Tochter Judith. Ich kenne meine Tochter und mit kennen meine ich nicht nur, dass ich viel über sie sagen kann. Um es kurz zu machen – meine Tochter liebt Sie. Wenn sie von Ihnen spricht, wenn sie Sie berührt oder ansieht, dann sagt mir alles in meinem Kopf, in meinem Herzen und meiner Seele, dass sie sich für Sie entschieden hat."

Ich war mit Judith bereits ein knappes Jahr zusammen, aber ein Kontakt mit ihrem Vater hatte sich nie ergeben und Judith war auch immer etwas unsicher, ob das gut gehen würde. „Mir hat es sehr gut gefallen und es hat mich auch beeindruckt, wie Sie beim Essen auf meine Provokationen eingegangen sind. Ihr beruflicher Erfolg verwundert mich nicht, denn Sie kennen offensichtlich die Spielregeln des Lebens. Tue Recht und scheue niemand, hat mir meine Mutter als Kind schon mit auf den Weg gegeben und genau das ist der Weg. Nichts bringt uns unsere Jutta zurück, aber wenn wir Judith sehen, dann sehen wir immer unsere beiden Töchter. Man kann nie sagen was das Leben bringt, aber tun Sie bitte alles dafür, dass unsere Tochter glücklich ist. Den Segen meiner Frau und mir haben Sie."

Was für ein enges und vertrautes Verhältnis meine Freundin mit ihrem Vater hatte, war mir bis dahin gar nicht bewusst gewesen. Er hatte so viele Informationen über mich. Sie hatte ihm von meiner selbst gegründeten Firma erzählt und hatte ihm sogar einen Zeitungsausschnitt aus einem Wirtschaftsmagazin gezeigt. Ich vermittle mit meinen Mitarbeitern Personal für das mittlere- und das Top-Management. Sogar schon einige Großkonzerne konnte ich nach kurzer Zeit zu meinen Kunden zählen. Ich hatte mich wirklich zum passenden Zeitpunkt für die richtige Branche entschieden. Von unserer gemeinsamen Wohnung, die wir kurz später bezogen, hatte Judith ihm sogar die Maße und die Einrichtungsideen gezeigt.

Als wir die Bibliothek verließen und unsere Damen auf der Terrasse aufsuchten, legte mir mein zukünftiger Schwiegervater (JA, das stimmt!!!) seinen Arm um die Schulter und sagte mit einem mir bis dahin unbekannten Gesichtsausdruck: „Wir haben alles besprochen". Obwohl er kein weiteres Wort sprach, wussten alle Personen im Raum was und wie er es meinte. Wie ferngesteuert kam Judith zu mir und Frau Keller zu ihrem Mann und wir umarmten uns und schwiegen lange. Es war ein Moment, den ich als sehr schön empfunden habe und nie vergessen werde. Diese erste Begegnung mit mir, schilderte er zwei Jahre später auf unserer Hochzeit. Es berührte mich sehr, als er mich mit netten Worten und die ein oder andere Träne verdrückend, im Kreis der Familie aufnahm.

Ich sage es meinen Kunden, meinen Freunden und auch den Schülern, die ich in Bezug auf ihren Berufsstart in Kursen berate immer wieder. Alles was Dich belastet, was Dir nicht gefällt oder was zwingend verändert werden muss, soll und darf von Ihnen nicht akzeptiert werden. Stehen Sie zu Ihrer Meinung und sind Sie sich bitte immer Ihrer Stärken bewusst. Kein Mitglied Ihrer Familie oder der Familie Ihres Partners oder Partnerin hat das Recht Sie anzugreifen, Stimmung gegen Sie zu machen oder sonstige Intrigen gegen Sie zu spinnen. Seien Sie in einer neuen Beziehung sensibel und beobachten Sie die Menschen mit denen Sie es jetzt zu tun haben werden! Sollte es etwas geben, was Ihnen nicht gefällt, dann hoffen Sie bitte nicht, dass es von selbst besser wird. Sprechen Sie mit Ihrem Partner oder Ihrer Partnerin ganz offen die Punkte an, die Sie belasten und sorgen Sie gemeinsam für eine Klärung. Kommt Ihr Partner nicht mit der Situation zurecht, dass er Sie „gegen" seine Familie verteidigen muss, ist dies eine denkbar schlechte Basis für Ihr dauerhaftes Glück. Es gibt hunderttausende von Beziehungen, bei denen sich, sich wirklich liebende Menschen, getrennt haben, weil das persönliche Umfeld eine zu große und dauerhafte Belastung war. Sind es manchmal nicht die Verwandten, so gibt es ausreichend andere Beispiele, bei welchen Kumpel, Freundinnen oder Kollegen dafür gesorgt haben, dass es auseinanderging.

Schaffen Sie **von Beginn an klare Verhältnisse** für Ihr Liebesglück und Sie haben allerbeste Chancen auf eine dauerhaft glückliche und solide Beziehung.

Ihr Carsten

„Herr Körner, wie haben Sie es geschafft über 60 Jahre mit Ihrer Frau glücklich und zufrieden zusammen zu leben?"

„Das ist sehr einfach zu beantworten – wir gehören noch zu einer Generation, in der man repariert und nicht gleich weggeschmissen hat."

„Nutzen Sie professionelle Hilfe, wenn Sie merken, dass Sie Ihre Situation oder Ihr „Problem" nicht allein in den Griff bekommen. Es gibt Fachleute für Brillen, Autos, Computer und …Menschen – und recht häufig ist die Lösung viel näher und leichter als Sie denken – nur Mut!"

Mein zweiter Mann und unsere Kinder

Ab welchem Alter merkt ein Kind, ob es Mama und Papa gut geht? Diese Frage habe ich oft gestellt, wenn Eltern zu mir in die Sprechstunde kamen. Eine Antwort lautet: Ja, so mit sieben oder acht Jahren, wenn sie in die Schule kommen. Jegliches Alter wurde von den Eltern genannt und viele der Befragten schauten mich oder ihren Partner an, zuckten mit den Schultern und gaben sich ahnungslos. Ein Herr war davon überzeugt, dass seine Söhne sich damit überhaupt nicht beschäftigen.

Was denken Sie? Kinder sind so sensibel und sie sind es so unglaublich früh. Bereits im Bauch der Mutter sind ihre „Sensoren und Antennen" in der Lage Gutes und Schlechtes zu registrieren, aufzunehmen und zu verarbeiten. Dies gilt selbstverständlich für die Ernährung, aber ebenso für alle emotionalen Empfindungen der werdenden Mutter. Stress, Angst und Ärger beeinflussen das Leben des baldigen Erdenbewohners genauso wie Freude, Lachen und Seelenfrieden. Darauf sollte sich die ganze Familie, sowie das gesamte Umfeld einstellen und sich der permanenten Verantwortung bewusst sein. Vermeiden Sie und schützen Sie Ihre Frau und Ihr Kind vor allen negativen Einflüssen!

Mein Name ist Michael, bin im Hauptberuf Psychologe und arbeite als Berater, Coach und Trainer mit mehreren Einrichtungen zusammen. Am meisten Kraft kosten mich die Gespräche mit Eltern, bei denen es in der Familie, vorsichtig formuliert, nicht mehr rund läuft. Alle diese Familien haben eines gemeinsam: Sie haben Kinder unter 14 Jahren, die noch zu Hause leben. Durch zusätzliche Aktivitäten in Sportvereinen und in Schulen, lerne ich an der einen Stelle die Kinder und in meiner Sprechstunde die dazugehörigen Eltern kennen. Glauben Sie mir, wenn ich Ihnen sage, dass manche Familienmitglieder so gut wie nichts über die anderen wissen und sogar ein völlig falsches Bild von ihnen haben?

Als ich eines Abends im Büro war und nach meinem letzten Termin noch die Spülmaschine einräumte, bemerkte ich, dass eine Person vor der Eingangstür stand. Ich öffnete die Tür und vor mir sah ich eine Frau um die fünfundvierzig, die mich direkt ansprach: „Sind Sie Herr Fuchs?"

„Ja, das bin ich", erwiderte ich.

„Was führt Sie zu mir", fragte ich die nervös wirkende Dame.

„Mein Name ist Karin Krüger und ich weiß im Moment nicht, wie es weitergehen soll. Ich habe vier Kinder und einen ordentlichen Mann, aber meine Familie droht auseinanderzubrechen."

Ich fragte, ob es denn ausreichend wäre, wenn wir uns am nächsten Tag für ein Gespräch verabreden würde. Sie bejahte dies und wir trafen uns, wie besprochen, am nächsten Tag.

Sie schilderte mir die Situation ihrer Familie, die weder von Tragödien noch Schicksalsschlägen belastet war, sich aber dennoch in einer nicht zu unterschätzenden Lage befand. Einige Entwicklungen waren durchaus positiv zu bewerten, während andere sich mit Sicherheit bei Nichtbeachtung, zu ernsten Problemen entwickeln würden. Was Frau Krüger Angst machte, war die Distanz, die zwischen ihrem Mann und ihren Kindern immer größer wurde.

Als sie vor 10 Jahren zum zweiten Mal eine Ehe einging, brachten sie und ihr Mann jeweils zwei Kinder mit in die neue Familie. Seine Ex-Frau hatte ihn verlassen und ist nach Kanada ausgewandert und sie selbst war verwitwet. Ihr Mann war, wahrscheinlich durch seinen Arbeitsplatz, an Lungenkrebs erkrankt und gestorben. Durch eine Kontaktanzeige, lernte Frau Krüger dann Manfred, ihren zweiten und heutigen Mann, kennen. Er brachte zwei Töchter und sie zwei Söhne mit in die Beziehung. Frau Krüger erzählte mir dann, was sie beschäftigte und dermaßen sorgte: „Überraschenderweise konnten die Kinder vom ersten Tag an gut miteinander, aber meine Söhne wollten Manfred einfach nicht akzeptieren. Manfred gab sich wirklich Mühe. Und damit meine ich nicht Geschenke oder Reisen. Nein, er nahm sich Zeit für sie. Er wollte ihnen zuhören, aber sie erzählten ihm nichts. Manfred ließ meine Jungs Wunschzettel schreiben. Ob, Sie es glauben oder nicht Herr Fuchs. Diese beiden Kerle schafften es, ihn sehr zu verletzen. Sie schrieben auf den Zettel, dass er sie in Ruhe lassen soll.

Auch seine Töchter versuchten zu vermitteln. Es nutzte nichts. Alles lief ohne Streit und ohne ein lautes Wort. Meine Söhne hatten den gleichen Charakter wie ihr verstorbener Vater. Stur und ohne jede Bereitschaft eine andere Meinung zu akzeptieren oder einen Kompromiss zu finden. So geht das seit Jahren, jeden Tag. Die Töchter von Manfred haben mich sofort akzeptiert und haben sich mit mir sogar auf Nähe und Kuscheln eingelassen."

Was ich von Frau Krüger hörte, war kein exotisches Problem, sondern eines, das häufig in Familien auftritt. Es passiert in hunderttausenden von Familien, bei denen Vater und Mutter sogar die leiblichen Eltern sind. Ich spürte die Angst bei Frau Krüger. Angst und Unsicherheit, wie es weitergehen soll. Die Töchter waren im Alter von zwölf und vierzehn Jahren und die beiden Jungs elf und dreizehn Jahre.

„Was soll ich tun, was kann ich tun Herr Fuchs? Was kann mein Mann machen, damit es zu mindestens nicht schlimmer wird. Ich merke, dass unsere Ehe darunter leidet und die angespannte Atmosphäre im Haus schadet auch meinen Töchtern".

Ich schaute meine Besucherin lange an und fragte sie dann „Frau Krüger, lieben Sie Ihren Mann?"

„Er ist ein guter Mensch und sehr fleißig."

Ich widerholte meine Frage: „Lieben Sie Ihren Mann und planen Sie Ihre persönliche Zukunft mit ihm?"

Jetzt schaute sie mich an, stand auf, wischte sich über die Augen und sagte mit viel kräftigerer Stimme als zuvor: „Ja, ich liebe meinen Manfred und ich möchte immer mit ihm leben."

„Danke, Frau Krüger, das freut mich sehr, denn ich habe mir gewünscht, genau das zu hören. Bevor Sie entscheiden, wie es weitergeht, müssen Sie wissen wo Sie heute stehen. Wie ist Ihr Verhältnis zu Ihren Jungs?"

Diese Antwort kam schnell und ohne jedes Zögern: „Ich bin zwar ihre Mutter, aber seit dem Tod meines Mannes sind wir echte Freunde geworden".

„Und Ihre Söhne empfinden das genauso wie Sie?" fragte ich etwas provozierend.

„Absolut, da bin ich mir nicht nur sicher, dass weiß und fühle ich."

„Dann liebe Frau Krüger kann ich Ihnen sagen, dass ich jetzt ein viel besseres Gefühl habe, als vor zehn Minuten. Ich sehe eine echte Chance für Sie und Ihre Familie auf den Kurs zu kommen, den sie einschlagen möchten".

„Meinen Sie das ernst? Wie soll das funktionieren? Oder möchten Sie mich nur kurzzeitig beruhigen?"

„Ich glaube nicht, dass das bei Ihnen etwas bringen würde, Frau Krüger. Ich mache auch keine Versprechungen, aber es gibt Ansätze, die sehr bewährt sind. Soll ich einen Vorschlag machen?"

„Ja natürlich, ich bin bereit, fast alles zu tun."

„Sollte dieser erste Versuch nicht ausreichend fruchten, biete ich Ihnen an, dass ich mich persönlich einbringen werde. Ich gehe aber davon aus, dass Sie es ganz allein mit Ihren Lieben schaffen."

Ich rückte mit meinem Stuhl ganz nah an Frau Krüger ran und legt einen großen Zettel vor uns. Mit einem Bleistift zeichnete ich einen großen Kreis darauf. Um diesen Kreis malte ich im Wechsel drei Kästchen und drei Kreuze. Dann blickte ich meiner Gesprächspartnerin freundlich in die Augen. Zum ersten Mal lächelte sie auch.

„Frau Krüger, haben Sie eine Idee, was mein kleines Kunstwerk bedeuten soll?"

Sie nahm meinen Stift und schrieb neben die Kreuze die Namen der Töchter und darunter ihren eigenen. Neben die Kästchen schrieb sie die Namen der drei männlichen Familienmitglieder.

„Das ist das Ziel. Alle an einem Tisch – und wie ist der Weg?" fragte sie in einem Tonfall, der zwischen Fragen und Hoffen lag.

„Können Sie sich noch an die Zeit kurz nach dem Tod Ihres Mannes erinnern?"

„Als wäre es gestern. Es war eine traurige Zeit, aber meine Kinder und ich sind ganz eng zusammengerückt." Sie strahlte richtig, als sie davon berichtete und wurde aber doch immer unruhiger. Sie wollte endlich von mir wissen, was sie tun sollte.

„Frau Krüger, aus Ihren kleinen Kindern wurden große Kinder und immer stärkere Persönlichkeiten. Heute sind es noch relativ kleine, aber doch schon junge Männer. Und wenn Sie von Ihren Jungs erzählen, dann spüre ich die Liebe und die Sorge, die Sie besonders für diese beiden haben. Gibt es einen Platz, an dem Sie mit Ihrem ersten Mann und Ihren Kindern gemeinsam gerne gewesen sind?"

„Oh, ja den gibt es", antwortete sie direkt.

„Das ist ein Biergarten gewesen, mit direkt angrenzendem Spielplatz, den gibt es heute noch."

„Das ist gut und genau dort werden Sie mit Ihren Söhnen hingehen. Ohne Ihre Töchter und ohne Manfred. Nur mit Ihren beiden Söhnen. Und dann werden Sie Ihnen sagen, dass sie die beiden wichtigsten Menschen auf dieser Welt für Sie sind und dass Sie alles dafür tun werden, dass dies immer so bleibt und dass ihr Vater dies auch immer gewollt hat. Und sagen Sie ihnen bitte ganz deutlich, wie sicher Sie sind, dass auch ihre Jungs nur das Beste für ihre Mutter wollen."

Frau Krüger hörte sehr konzentriert zu und machte sich sogar Notizen.

„Ich halte es für ganz entscheidend, dass Sie in diesem Gespräch Ihre Söhne wie Erwachsene und als Freunde behandeln, nicht wie Ihre Kinder. Erzählen Sie ihnen, auch wenn Sie es schon oft getan haben, wie Sie Ihren zweiten Mann kennengelernt haben. Noch wichtiger, wie Sie ihn schätzen und lieben gelernt haben. Aus diesem Grund habe ich Sie gefragt, ob Sie ihn lieben und seine Zukunft mit ihm planen. Wie nett er zu Ihnen und seinen Töchtern ist und welche Verantwortung er übernommen hatte, als ihn seine Frau verlassen hatte. Drängen Sie Ihre Söhne nicht zu mehr Freundlichkeit oder zu mehr Nähe zu Ihrem Mann, aber verlangen Sie Respekt von den beiden. Den Respekt hat sich Manfred verdient. Berichten Sie in diesem Gespräch von seinen positiven Eigenschaften und machen Sie deutlich, dass Ihre Familie aus sechs wertvollen und guten Menschen besteht, die Ihnen alle wichtig und lieb sind. Fragen Sie Ihre Söhne, was Sie am meisten an Ihrem Mann stört und befremdlich ist. Notieren Sie die Antworten und vermitteln Sie Ihren festen Willen, dass Sie auch mit Manfred ein solches Gespräch führen werden. Wenn es Ihnen mit einer Art „Salami-Taktik" scheibchenweise, also Schritt für Schritt gelingt, alle Beteiligten für Toleranz und Offenheit zu sensibilisieren, haben Sie mindestens den halben Weg geschafft. Ich bin in Ihrem Fall fest davon überzeugt, dass es gelingen kann, dass unser kleines Bildchen, hier vor uns, Realität wird."

Natürlich bot ich Frau Krüger an, mit mir in Kontakt zu bleiben, aber ich hörte etwa drei Wochen nichts von ihr. Unser nächster Kontakt war eine E-Mail, die sie mir schickte. Ich öffnete die Anlage und sah auf einem Foto einen gedeckten Kaffeetisch, an dem sechs Menschen saßen. Ohne jeden Zweifel war es die komplette Familie Krüger. Ich antwortete kurz und freundlich und bemerkte, dass ich mich über einen Anruf freuen würde. Bis zu dem von mir gewünschten Anruf dauerte es gar nicht lange und ich fragte ganz direkt und mit einem leichten Lächeln in der Stimme, ob sich denn alle

Beteiligten freiwillig für das Foto an den Tisch gesetzt hatten?

Frau Krüger berichtete von dem Besuch im Biergarten.

„Herr Fuchs", begann sie sehr besonnen und ruhig. „Dieses Gespräch war sicher wichtig und gut, aber es hat viel Kraft gekostet, was ich nie erwartet hätte. Ich hatte das Gefühl, dass meine Söhne auf diesen Austausch in aller Ruhe und allein mit Ihrer Mutter, schon lange gewartet hatten. Sicherlich hat der Manfred Macken und Meinungen, die uns nicht so passen, aber dies war nie unser Hauptproblem', begann Thorsten, der ältere der beiden. ‚Soll ich Dir sagen, was uns wirklich echt genervt hat?', platzte es aus Patrick raus. ‚Das Einzige was du immer zu uns gesagt hast war, dass wir zu Manfred und seinen Töchtern doch immer schön nett sein sollen. Jeden Tag hast du uns das gepredigt. Es ging immer nur um die drei und nie um uns drei. Und schuld war für uns immer nur dein Mann!'" Frau Krügers Stimme zitterte, so bewegt war sie von ihrer eigenen Erzählung.

„Ich glaube, Herr Fuchs, ich kann heute behaupten, dass die MS-Krüger auf gutem Kurs ist." Sie bedankte sich und legte selbstbewusst und zufrieden auf. Sie war bereit, alles für Ihr Ziel zu tun und hat es so auch erreicht. Wer nicht kämpft hat schon verloren.

Kinder kann man nicht ernst genug nehmen!

P.S.:

Geben Sie Ihren Kindern immer das Gefühl, dass Sie für sie da sind. Keine schlechte Note, keine kaputte Glasscheibe und selbst eine Schwangerschaft oder ein Diebstahl werden daran etwas ändern! Ich will hier nichts beschönigen, aber unsere Kinder bleiben unsere Kinder. Egal, ob sie Neugeborene, Schulkinder oder verheiratete Erwachsene sind. Sollten sie mal vom richtigen Weg abkommen, so ist es unsere Pflicht, sie so zu unterstützen, dass sie wieder dorthin gelangen.

Jeder ernsthafte Sportler weiß von der Tatsache, dass sich seine Muskeln zwischen den Trainingseinheiten aufbauen. Alle Hochleister, egal aus welcher Branche, können eine bestimmte Zeit lang sehr viel und auf sehr hohem Niveau arbeiten. Da sie ihren Körper und ihre mentalen Grenzen kennen und respektieren, sind sie auch absolute Profis, wenn es darum geht, zum richtigen Zeitpunkt „vom Gas zu gehen" oder eine Pause einzulegen.

Wissen Sie zu entspannen?

Wie oft haben Sie heute schon mit Freude an Ihren Partner, an Ihre Familie und Ihre private Situation gedacht?

Die Prüfung von „Ich liebe Dich"

„Ich liebe dich zu sagen" ist schön, aber fast noch schöner ist es, wenn man es zu hören bekommt. Von einem Menschen, den man selbst liebt. Geliebt zu werden ist wahrscheinlich die größte Energiequelle, die man haben kann. Denkt man darüber nach, welche Momente es sind, in welchen wir unserem Partner unsere Liebe gestehen, dann sind es meistens sehr emotionale Situationen und es gibt einen direkten Bezug zu einer Handlung. Männer verhalten sich hier definitiv anders als Frauen. Wenn ein Mann überhaupt mal diese Äußerung von sich gibt, dann passiert dies sehr wahrscheinlich beim Vorspiel, beim Hauptakt oder beim anschließenden Kuscheln. Ausnahmen bestätigen auch hier die Regel. Dies ist kein Widerspruch! Beim Sex kann diese Botschaft absolut passend sein und wertet diese wunderschöne Zweisamkeit natürlich zusätzlich auf. Frauen sind in der Lage in wesentlich mehr Situationen diese tiefen Gefühle zu entwickeln und teilen es auch viel freier und lieber mit. Sollten Sie sich mit diesem Satz schwer tun, muss dies keine Aussage über die Qualität ihrer Beziehung sein.

Versuchen Sie es doch mal mit verschieden kleinen Vorstufen. Hier ein paar Redewendung, die das „Ich liebe dich" aussparen und doch sehr viel sagen:

- Es ist schön mit dir!
- Ich bin gerne bei dir!
- Mit dir habe ich immer so viel Spaß!
- Du tust mir gut (ich hoffe, ich dir auch)!
- Ich habe mich auf dich gefreut!
- Du hast mir heute so gefehlt!

Das funktioniert am schönsten, wenn man sich Auge in Auge gegenübersteht. Aber auch per Anruf, SMS oder E-Mail sind diese Botschaften eine echte Freude und tun uns Menschen gut.

Eine Frau sagt „Ich liebe Dich" wesentlich häufiger, weil sie, im Gegensatz zu den meisten Männern, in sehr viel mehr Situationen diese tiefe Zuneigung spürt. Vielleicht war der Mann zu seinen oder ihren Eltern besonders freundlich oder hat ihr von der Dienstreise ihr Lieblingsparfüm mitgebracht, welches es nur am Flughafen gibt und wo man mindestens zwanzig Minuten anstehen muss. Es können aber auch zwei Kinokarten für einen Film sein, auf den nur sie sich freut, aber allein nie reingehen würde. Bleiben Sie aufmerksam und sorgen Sie dafür, dass Ihre Liebe täglich neue Nahrung erhält, damit sie richtig „heiß" bleibt.

Wenn beide Partner und die ganze Familie gesund sind, das Bankkonto gut gefüllt ist und die nächsten Urlaube schon gebucht sind, dann können alle Beteiligten entspannt sein. Natürlich muss auch die Gesundheit mitmachen. Wie sieht es aber aus, wenn diese heile Welt gestört wird, wenn auch mal dunklere oder schwarze Wolken die Sonne verdecken? Entscheidend ist immer, dass die Partner ein Team bleiben. In manchen Unternehmen steht das Wort TEAM als Abkürzung für „Toll - Ein(e) - Andere(r) - Machts!", aber diese sicherlich ironisch gemeinte Version, hat besonders in einer Beziehung nichts zu suchen. Was kann denn in einer wunderbaren Zweisamkeit oder einer fröhlichen Familie die Stimmung trüben?

Es gibt schleichende Prozesse, wie Geldmangel, Arbeitslosigkeit, Fremdgehen, mangelnder Respekt oder andere Fehlentwicklungen. Und dann gibt es noch diese Veränderungen, die einschlagen wie ein Blitz. Es ist ein Anruf, ein Unfall, eine Krankheit, ein Überfall – ein Schicksalsschlag, der das komplette Leben in einer Sekunde vollkommen verändert und alle Beteiligten vor teilweise unglaubliche und unmenschliche Herausforderungen stellt. Es ist brutal und stellt eine Aussage komplett neu auf den Prüfstand.

Was bleibt in so einer Situation von „Ich liebe Dich"? Was haben wir geliebt? „In guten wie in schlechten Zeiten" ist so leicht gesagt, aber in der Praxis stoßen genau hier sehr viele von uns an ihre Grenzen. Grenzen der Bereitschaft, der Belastbarkeit und eben auch der Liebe.

Was sind das für Situationen, von denen hier die Rede ist?

- Es ist der selbstständige Schreiner und Familienvater, der beim Arbeitsunfall beide Hände und dadurch sein Geschäft und seine Existenz verliert.

- Es ist die Frau, die beim Autounfall durch die Glasscheibe fliegt und Experten versuchen ihr Gesicht zu rekonstruieren.
- Es ist der Ehepartner, der nach seiner Krebsoperation dauerhaft einen künstlichen Darmausgang erhält.
- Es kann auch der Geschäftsführer sein, der wegen Bestechung zu einer Haftstrafe verurteilt wird.
- Es kann der Chemiker sein, der beim Arbeitsunfall sein Augenlicht verliert.
- Es kann der Verlust eines Kindes sein.

Selbstverständlich können Fremdgehen, Familienangehörige oder weitere Geschehnisse und Außeneinflüsse ebensolch dramatische Auswirkungen haben. Was aber bleibt, sind die Fragen: Kommen wir da gemeinsam durch und raus? Wollen wir es überhaupt gemeinsam versuchen oder sind wir nicht dieses Team? War unsere Beziehung nur für rosarote Zeiten stark genug?

Es gibt so viele wunderschöne Liebesgeschichten, die härteste Prüfungen bestanden haben. Diese Erzählungen haben mir gezeigt, dass ein einzelner Mensch sehr viel schaffen kann. Ein Paar, welches zu einem echten Team geworden ist, kann nahezu **alle** Herausforderungen bewältigen. Diese Paare sprechen immer in „Wir-Form". „Wir schaffen das", „unser Unfall", „der

Peter und ich" sind nur einige Beispiele. Was ist das Entscheidende in dieser Phase? Es ist neben der notwendigen fachlichen Betreuung des Opfers in erster Linie ein Aspekt: Beide Partner müssen in einem Gespräch die absolute Bereitschaft erklären, die neu entstandene Situation gemeinsam zu bewältigen. Ohne jedes Wenn und Aber.

Da diese Phasen oft lang und extrem kräftezehrend sein können, sollten Sie offen sein für Beratung von Fachleuten und anderen potentiellen „Helfern", wie Mitarbeiter von Krankenhäusern, Kirchen oder ähnlich orientierten Einrichtungen. Guter Rat muss nicht teuer sein. Er ist sehr häufig sogar kostenlos. Sorgen Sie für Freude in Ihrem Leben. Selbstbestimmt und gerne auch unabhängig von anderen Menschen.

Schon okay – Du das Studium und ich die Kinder

Keine Beziehung ist wie die andere. Da sind wir uns sicher einig. Was aber trotzdem fast identisch ist, ist sehr häufig der Grund, der zu Trennung und Scheidung führt. Ich möchte in dieser Geschichte, für die ich besonders viele Praxisbeispiele gesammelt habe, auf eine sehr große Gruppe von Frauen eingehen, die hier im wahrsten Sinne des Wortes betroffen sind.

Es sind Ehefrauen und Mütter im Alter zwischen vierzig und fünfundsechzig Jahren. Sollten Sie älter oder jünger sein und sich bei diesem Beispiel nicht selbst wiederfinden, so kennen Sie mit Sicherheit mindestens eine Frau in Ihrem Umfeld, die das Folgende genauso oder ähnlich erlebt hat.

Ja, die Mareike kann das. Lass das mal die Mari machen! Mareike ist heute sechsundvierzig Jahre, Mutter von zwei Kindern und Ehefrau. Würde man Nachbarn zu Mareike und Ihrer Familie befragen, so kämen sicherlich ausschließlich positive Erzählungen. Diese Familie ist ordentlich, er ist Filialleiter einer Bank und die Kinder sind in mehreren Vereinen und sowohl in Schule als auch Beruf auf gutem Kurs. Bis dahin ist auch alles korrekt und es gibt keinen Grund für Widerspruch.

Die achtzehnjährige Tochter Lisa macht gerade ihr Abitur und hat sich auch bereits für ein Jurastudium entschieden. Sohn Philip ist dreiundzwanzig Jahre alt und in einer kleinen, aber erfolgreichen Werbeagentur bereits Projektleiter und der Liebling vom Chef. Ehemann Gunther tut sehr viel für sein Äußeres und stürzt sich ansonsten in seine diversen Ehrenämter. Die guten Zeiten eines Bankers wären vorbei und würden auch nicht mehr kommen. Für seine gerade mal neunundvierzig Jahre, ist er im Kopf ganz schön alt und redet immer häufiger vom Vorruhestand. Die bevorstehende Silberhochzeit ist kein großes Thema, kann aber aufgrund von Familie und Umfeld nicht einfach ignoriert werden. War da noch was? Ja natürlich, Mareike!

Auf diesen Abend hatte sich Mareike gefreut und vorbereitet. Gunther war für drei Tage auf einer Fortbildungsmaßnahme, Lisa bei einer Freundin und Philip in Amsterdam auf einer Messe. Mareike bestellte sich bei ihrem Vietnamesen vier Vorspeisen und ihr Leibgericht. Lackierte Ente mit diversem Gemüse und einer unglaublich scharfen Sauce. Dazu trank sie immer Apfelwein und im Eisfach wartete ein Zitronensorbet. Dies alles war aber nur Beiwerk für das wirkliche Programm an diesem Abend. Mareike hatte in den letzten Wochen in zwei großen Kartons Hunderte von Fotos, Urkunden, Zeitungsberichten und weiteren privaten Papieren gesammelt. Es war mal wieder Zeit für einen Rückblick, eine Standortbestimmung und eventuell sogar eine Neujustierung ihrer

Zukunftsplanung. Sie hatte schon am Mittag den großen Wohnzimmertisch leer geräumt und an beiden Enden komplett ausgezogen. Dies hatte sie letztmalig bei der Konfirmation von Lisa gemacht. Dieser Tisch war einfach riesig und ideal für den heutigen Abend. Sie nahm die beiden Kisten und leerte sie komplett aus. Es waren zwei beeindruckende kleine Berge – Berge aus Erinnerungen. Wie ein Kind mit Memory-Karten verteilte Mareike die vielen unterschiedlichen Papierstücke auf dem Tisch.

Es war ein schöner und bewegender Moment. Ihr bisheriges Leben lag offen vor ihr. Obwohl Sie fest vorhatte, vor dem Essen nichts anzufassen oder zu betrachten, griff sie direkt zu einem Bild. Es zeigte sie bei einer Schulfeier. Etwa sechshundert Schüler und vierzig Lehrer standen auf der riesigen Schultreppe und Mareike begrüßte mit einem Mikrofon bewaffnet die neuen Schüler und deren Eltern mit einer kurzen Rede. Sie war an diesem Tag elf Jahre alt. Als wäre es heute, konnte Mareike sich daran erinnern, dass sogar aus den höheren Klassen kein Schüler bereit war, diese Rede zu halten. Sie war damals die Einzige und so sollte es auch später oft sein – die Einzige unter Vielen.

Im Turnverein machte sie am Schwebebalken den ersten Überschlag. In der Tanzstunde war sie die Partnerin vom Tanzlehrer auf einem Schulungsvideo. Als ein Mitschüler fast an einer Fischgräte erstickte, war sie es, die mit ihrer Wasserflasche und heftigen Rückenschlägen den Jungen rettete. Und in der achten Klasse hatte sie sogar eine eigene Ausstellung. Über zweihundert Bilder von Mareike hingen in der Schule, im Rathaus und in mehreren Banken der Region. Da nahm sie das nächste Bild und schaute es lange an. Sie hörte in diesem Moment sogar das Klingeln an der Tür nicht – so gedankenverloren war sie in diesem Moment.

Es war das erste Bild, das von ihr und Gunther gemacht worden war. Auf das dritte oder vierte Klingeln reagierte sie dann und öffnete dem netten Lieferanten die Tür. Sie zahlte das Essen und gab dem jungen Mann neben einem Lächeln auch noch ein besonders gutes Trinkgeld. Mareike genoss den Geruch ihrer Lieblingsspeisen und füllte alles auf die passenden Teller. Die Teller waren vom besten Service, dass sie besaßen. Während sie den ersten Bissen von der in Chilisauce gewendeten Frühlingsrolle genüsslich kaute, griff sie wieder zu dem Foto. Gunther und sie waren auf diesem Bild etwa einen Monat zusammen und unendlich verliebt. Sie verbrachten jede freie Sekunde zusammen und taten sich so richtig gut. Alles nahm seinen Lauf und es ging beiden gut dabei.

Philip und Lisa wurden geboren und Gunther arbeitete sich mit Fleiß die Karriereleiter der Bank hinauf. Mareike war immer für diese drei geliebten Menschen da. Alles schien perfekt. Alles? Nein – es war nicht alles perfekt. Mareike hatte ursprünglich auch weitreichende Pläne für sich. Schon als Jugendliche träumte sie von einer eigenen Anwaltskanzlei. Mit ihrer besten Freundin Charlotte wollte sie gemeinsam

Bundesfamilienministerin werden. Ein Klassenkamerad namens Hendrik brachte sie dann auf eine ganz heiße Idee. Gemeinsam wollten sie mit Hilfe des Internets eine Partnerbörse für Menschen jeden Alters entwickeln. Das Konzept war perfekt, aber Hendrik verliebte sich in Mareike und ein freundschaftliches gemeinsames Arbeiten war nicht mehr möglich. Hendrik verkaufte sein System und wurde auf diesem Weg sehr vermögend. Dies ist sogar nachweisbar, da Hendrik persönlicher Kunde von Gunther ist. Hendrik hat nie bestritten, dass der Großteil dieses Erfolges in Mareikes Kopf entstanden ist.

Doch Mareike hatte in den letzten zwanzig Jahren die gleichen Gedanken, wie Millionen anderer Frauen und stellte Ihre Pläne hintenan: Ich bin für meine Kinder und meinen Mann immer da. Meine Kinder sind wohlerzogen und genau wie mein Mann fleißig und mit gutem Charakter ausgestattet. Wir hatten schöne Urlaube, haben unser Häuschen schon zu einem großen Teil abbezahlt und sind in unserem gesellschaftlichen Umfeld gut angesehen. Da sollte Mann oder Frau doch zufrieden sein!

Liebe Leserin und lieber Leser – lassen Sie uns an dieser Stelle einen ganz entscheidenden Aspekt deutlich und für jeden Menschen verständlich klären. Sind Sie ehrlich zu sich selbst und verwechseln Sie bitte nicht Dankbarkeit mit Zufriedenheit! Natürlich ist Dankbarkeit angebracht, wenn die eigene Familie von Krankheiten, Tragödien und anderen Schicksalsschlägen verschont bleibt. Es muss aber kein Mensch zufrieden sein, wenn er nicht regelmäßig die wichtigsten positiven Emotionen in sich selbst und für sich selbst fühlt.

Stellen Sie sich folgende Fragen:

- Wie oft sind Sie stolz auf sich?
- Haben Sie heute schon herzlich gelacht?
- Haben Sie Pläne für dieses oder das nächste Jahr?
- Was machen Ihre Träume?
- Wie viele Menschen sorgen sich um Sie?
- Wann haben Sie sich zuletzt etwas geleistet?
- Werden Sie ausgenutzt?
- Stehen das Geben und Nehmen in Ihrem Leben in einem gesunden Verhältnis?
- Freuen Sie sich nach dem wachwerden auf den Tag? Schlafen Sie mit Seelenfrieden ein?

Ergänzen Sie weitere Punkte, die besonders für Sie wichtig sind. Noch besser ist es, wenn Sie Ihre Notizen auf einen separaten Zettel schreiben oder in einem Heft ablegen. Stellen Sie sich vor, Sie würden dieses Buch verleihen oder ein Besucher blättert das Buch durch und liest versehentlich Ihre sehr persönlichen Anmerkungen.

Zurück zu Mareike, ihrem Leben und einer der wichtigsten Fragen der Zweisamkeit. Muss sich ein Partner aufopfern, damit es der restlichen

Familie gut geht? Hunderte von Gesprächen und Geschichten helfen mir diese Frage mit einem eindeutigen JEIN zu beantworten. Enttäuscht? Ich will Ihnen dazu folgende Zeilen schreiben. Wie bereits mehrfach erwähnt, sind wir alle unterschiedlich – und das ist gut so. Während die eine Frau unbedingt ihre eigene Karriere machen muss, ist ihre beste Freundin froh und glücklich, dass sie zu jeder Zeit und mit all ihrer Kraft für ihre Familie da sein kann. Und dies obwohl beide Abitur und ein abgeschlossenes Studium haben. Eine sehr intelligente und erfolgreiche Kauffrau hat mir mal folgenden Satz gesagt: „Emanzipation wird es nie wirklich geben, so lange nur Frauen die Kinder bekommen". Denkt man über diese Aussage etwas nach, so können die meisten Menschen nur zustimmen. Diese „Einrichtung" der Natur ist die Basis für viele logische und teilweise gesellschaftlich bedingte Entwicklungen. Können Sie hier als Frau gegensteuern und doch alles unter einen Hut bringen? Ja – wenn einige wichtige Aspekte zusammen passen. Hier sind die meistgenannten „Basics":

- Sie als Frau **müssen wirklich wissen**, was Sie vom Leben wollen und es Ihrem Partner vor dem Zusammenziehen, der Verlobung und Hochzeit sagen.

- Sie **müssen** den passenden Partner finden und ein „Dream-Team" bilden.

- Planen Sie Ihrer beider Leben und werden Sie Meister der Kommunikation!

Und nochmals zurück zu Mareike. Sie wollte ALLES. Gunther als Mann und eine Familie als starke „Basisstation". Sie wollte weiterhin den engen Kontakt zu ihren Kindern. Das war aber nicht alles. Mareike wollte nun in Ihrem Leben mal die Hauptperson sein. Fällt Ihnen auf, wie häufig das Wort „wollen" fällt, wenn ein Mensch sein Ziel erreichen will? Mit „hätte gern" und „möchte" hat sich noch kein Mensch seine Träume erfüllt. Mareike hat sich Ihren Traum erfüllt. Sie überlegte lange wie sie es anstellen sollte, aber sie hat es geschafft.

Sie gründete eine Nachhilfeschule für Kinder aus armen Familien. Religion, Herkunft, Talent und andere übliche soziale Bewertungskriterien spielten bei Mareikes Projekt keine Rolle. Es ging nur darum zu helfen. Gunther sorgte in der Hauptzentrale seiner Bank für Räumlichkeiten. Durch geschickte Öffentlichkeitsarbeit gelang es, das bereits nach knapp sechs Wochen die ersten Kinder und Jugendlichen von dem Angebot einer qualifizierten Nachhilfe profitieren konnten. Geschäftsleute und private Sponsoren sorgten für ausreichend Kapital und pensionierte Lehrkräfte und andere Pädagogen sorgten für eine erstklassige Qualität. Mareike war zwar die Initiatorin und Gründerin dieser Stiftung, aber das war für sie nicht der entscheidende Aspekt. Die wunderbare Entwicklung vieler Kinder und dieser neue Treffpunkt in ihrem Stadtteil war die wirklich befriedigende Bestätigung. Mareike hatte viele öffentliche Termine, sorgte für immer neue Geldquellen und sie sorgte mit Ihrer ganzen

Willenskraft dafür, dass die Kinder ihrer Nachhilfeschule sich berechtigte Hoffnung auf eine schöne Zukunft machen konnten. Was war die wirklich entscheidende Eigenschaft von Mareike? Sie wusste was sie wollte und tat alles dafür, es auch zu bekommen. Sie können es auch!

Wissen Sie was Ihre Frau oder Ihr Mann wirklich vom Leben will? Wenn Sie nicht mit einem ganz klaren Ja antworten können gibt es „Kommunikationsbedarf". Reden Sie und hören Sie zu, bevor es nichts mehr zu reden und zu hören gibt.

Viele meiner „Storyteller" nannten in diesen Gesprächen immer wieder die gleiche Person, um das Geschehen und die Situation zu verdeutlichen und einen Namen dafür zu finden – Mutter Teresa.

Da gibt sich (offenbar) ein Mensch für einen anderen auf. Ob dies so ist, kann jeder nur für sich selbst entscheiden. Was mit diesem Vergleich aber gemeint ist, geht in eine etwas andere Richtung. In einer Beziehung, wie es eine Ehe oder eine ähnliche Zweisamkeit ist, müssen Geben und Nehmen in einem, für beide Partner, guten Verhältnis stehen. Beide haben ein Recht auf persönliche Entwicklung und das stolze Gefühl „wertvoll" zu sein. Ein Partner, der seine Erfolgserlebnisse nur noch im Haushalt und mit den Kindern hat, legt die Basis Fehlentwicklungen. Das Selbstbewusstsein schwindet und der Partner verliert im Laufe der Zeit die Achtung vor seiner Frau oder seinem

Mann. Das ist genau der Zeitpunkt, in welchem man beginnt, Interesse an anderen Menschen zu gewinnen, die „mehr zu bieten haben". Sorgen Sie dafür, dass Ihr Partner sich weiter entwickelt und Sie werden gemeinsam in allen Bereichen gewinnen.

Zärtlichkeit, Nähe und Sex
...schön war die Zeit!

Ich habe wirklich nicht im geringsten Interesse daran, dass Ende Ihrer jetzigen Beziehung zu beschleunigen. Dennoch kann ich Ihnen versichern, dass die Inhalte der nächsten Zeilen genau dies Tag für Tag hundertfach verursachen. Wann haben Sie Ihren Partner oder Ihre Partnerin zuletzt geküsst – mit Zunge? Können Sie sich an Ihr letztes Knutschen erinnern? So richtig innig und ein paar Minuten lang. Spielt Sex in Ihrer Beziehung noch eine wichtige, aufregende und positive Rolle? Nein? Das ist nicht gut und kann verschiedene Gründe haben. Ein Grund könnte sein, dass Sie oder Ihr Partner schlichtweg keine Lust mehr aufeinander haben.

Täglich, 3 x die Woche oder jeden ersten Montag im Monat – oft und selten – alles relativ! Dazu kommen noch jede Menge individuelle Lösungen und Probleme. Die späte Sonntagabend-Nummer im stockdunklen Schlafzimmer. Nur damit er etwas entspannter ist, freundlicher und motivierter in die nächste Woche startet.

Wenn es die Möglichkeit der Onanie nicht gäbe, wäre meine Ehe seit vielen Jahren mit Sicherheit beendet. So habe ich mir mein eigenes Sexleben geschaffen und betrüge meine Frau täglich mit mir selbst. Dieser Satz ist mir in den so bekannten Männergesprächen immer wieder begegnet. Häufig vertrauen sich Männer nur ihren besten Freunden an. Durch Gespräche und Erzählungen ist mir bekannt, dass die Quote bei Frauen sehr ähnlich ist.

Stellen Sie sich vor, Ihre jetzige Beziehung wäre beendet oder Sie sind aktuell tatsächlich nach einer längeren Zweisamkeit wieder Single. Achten Sie bei diesem Gedanken und beim Lesen auf Ihre Gefühle. Erschreckend viele Menschen empfinden den Gedanken, dass eine Beziehung vorbei ist, als entspannend und sogar richtig angenehm und befreiend. Machen Sie sich wieder Notizen – und vernichten Sie den Zettel anschließend!

Sie lernen einen Menschen kennen und lieben und erfahren von Ihrem Gegenüber die gleichen Gefühle. Lassen sie es einen Monat, eine Woche oder drei Tage sein, aber Sie werden mit diesem Menschen Sex haben und Sie werden sich darauf freuen. Wenn beide Partner respektvoll und sensibel miteinander umgehen, werden es beide Menschen auch genießen. Ob diese beiden Menschen sich jemals wiedersehen oder sogar die goldene Hochzeit feiern werden, ist in diesem Zusammenhang nicht wichtig. Entscheidend ist ganz allein der folgende Aspekt: Sie sind in der Lage mit einem anderen Menschen positive Gefühle auszutauschen, Nähe zuzulassen und befriedigende Sexualität zu leben und zu genießen. Ihr neuer Partner ist es auch.

Können Sie sich noch erinnern, wie Sie diesen „Stand" mit Ihrer Ehefrau oder Ihrem Ehemann hatten? Ja, diese Zeit gab es und sie war schön. Was ist dann passiert? Diese Frage ist so alt wie die Menschheit und sie hat tausende von Büchern gefüllt. Lassen Sie uns auf dieses so sensible und oft alles entscheidende Thema eingehen. Die Offenheit meiner „Buchhelfer" war mir hier eine große Unterstützung und zeigt vielleicht auch Ihnen sinnvolle Ansätze oder interessante Gedankengänge.

Routine und chronischer Geldmangel sind die am häufigsten genannte Gefühls-, Erotik- und somit Beziehungskiller. Kann ein Mann oder auch eine Frau nach 10 Stunden Arbeit strahlend schön und entspannt nach Hause kommen? Der Partner hat nach Haushalt, Hausaufgaben, Einkauf und diversen anderen Herausforderungen vielleicht auch kein 4 Gänge-Menü gezaubert, war nicht frisch beim Friseur und hat auch das Schlafzimmer nicht in eine rosarote Luststube verwandelt. Die Praxis sieht zu über fünfundneunzig Prozent anders und weniger schön aus.

An den Werktagen spielt sich das komplette Familienleben zumeist zwischen 18 Uhr und 22 Uhr ab. Kann man denn überhaupt in diesem Zeitraum alle wichtigen Bereiche besprechen? In guter entspannter Stimmung und den Partner ausreden lassen? Beide haben ja schon einen langen Tag hinter sich und müssen jetzt, wo sie viel lieber abschalten würden noch hochkonzentriert sein und wichtige Gespräche führen können. Selbst wenn eine Familie von Schicksalsschlägen verschont bleibt, gibt es für die meisten Familien genügend Baustellen. Der Bereich Finanzen nimmt hier leider immer mehr eine Schlüsselposition ein. Mann und Frau können nicht alle Themen auf das Wochenende legen. Arbeitsplatz, Haushalt, Schule, Nachbarschaft, kaputte Haushaltsgeräte, die teure Klassenfahrt, die Verwandtschaft und viele weitere Bereiche lassen kaum Raum für einen schönen, ruhigen, entspannten und ziel-orientierten Dialog der beiden Partner.

Jetzt ist der Virus da!

Was können wir daraus lernen? Paare, die mir glaubhaft berichtet haben, dass es bei Ihnen in allen Bereichen gut läuft (unabhängig von Reichtümern), haben mir interessanterweise immer das Gleiche berichtet. Sie können es glauben oder auch nicht, aber testen Sie es!

Michael erzählt: Bei Antje und mir lief es einfach nicht mehr – und damit meine ich alle Bereiche unseres Lebens. Von ernsten Krankheiten oder Geldsorgen waren wir verschont, aber wir waren kein Team mehr und hatten gemeinsam keinen Spaß mehr. Auf unser sehr sparsames Sexualleben hätten wir beide locker verzichten können. Wir hatten so gut wie keine Streitereien und machten uns auch nicht viele Vorwürfe. Wir bildeten uns ein, dass unsere Kinder von alledem nichts mitbekamen. Ich verstand zum ersten Mal diesen schrecklichen Satz: „Wir können Freunde bleiben!"

Antje und ich merkten, dass wir handeln mussten, wenn wir nicht in der nächsten Scheidungsstatistik auftauchen wollten.

Warum wir eine Chance hatten? – Die Lösung heißt: Respekt!

Sechzehn Jahre und knappe vier Monate waren wir bis zu diesem ganz besonderen Wochenende zusammen. Nie hatten wir uns böswillig emotional verletzt, gedemütigt oder bloß gestellt. Kein einziges Schimpfwort haben wir uns an den Kopf geworfen. Und wir liebten uns immer noch und fanden uns auch immer noch reizvoll und anziehend.

Jetzt aber zu dem sooft bewährten Lösungsansatz: Arbeiten Sie wie ein Schüler oder ein Manager: arbeiten Sie mit Wochenplänen! Damit meine ich nicht, dass Sie um 20:52 Uhr kuscheln sollen und ab 21:13 Uhr zur lust- und triebgesteuerten Attacke blasen. Es gibt Termine, die hat eine Familie einfach. Elternabend, Hausarbeit, Großeinkauf, Schule, Arbeit, Vereinsleben und viele andere zeitlich vorgegebene Verpflichtungen. Diese Termine tragen Sie alle ein. Ja, da sind noch Lücken – und Sie dürfen sie füllen. Sprechen Sie mit Ihrer Partnerin oder Ihrem Partner und verlangen Sie nur Leistungen, die Sie selbst auch bereit sind zu bringen. Ein Beispiel: Wenn Ihre Frau zweimal im Monat zum Tennisverein will, dann darf sie das auch tun. Sie darf entscheiden, was sie an Ihren Abenden macht. Sie werden feststellen, dass Geld und Kosten hier keine entscheidende Rolle spielen. Diese Termine sind ebenso fix, wie die Arbeitszeit im Büro und müssen von allen Familienmitgliedern akzeptiert werden. Warum alle Familienmitglieder profitieren?

- Mama und Papa haben auch mal Zeit für sich.
- Jeder hat etwas zu erleben, was er dem anderen erzählen kann.
- Auftanken und die Akkus füllen – die physischen und die psychischen...
- Alle werden selbstbewusster.
- Vielleicht werden Sprachen oder Instrumente gelernt.

Ein- bis zweimal im Monat sollte die ganze Familie einen Tag gemeinsam verbringen. Jeder ist mal mit der Planung dran. Auch die Kinder. War da noch was...? Nein, ich habe den Titel dieses Kapitels nicht vergessen. Sie müssen aber erst die Festplatten in Ihren Köpfen frei von Viren machen. Diese Viren haben unterschiedliche Namen. Hier eine kleine Aufzählung:

- Vorwürfe
- Respektlosigkeit
- Streitgespräche
- Fehlende Kommunikation
- Keine gemeinsamen Pläne und Ziele
- Sorgen
- Trennungsangst
- Probleme

Wenn diese Bereiche gemeinsam besprochen wurden und in Ihren gemeinsamen Planungen Berücksichtigung finden, haben Sie einen entscheidenden Schritt für Ihren Seelenfrieden und Ihre Partnerfreuden getan. Jetzt können die Sauna-Termine, das Wellness-Wochenende, der Camping-Trip und die Partnermassagen kommen. Spätestens nach diesem Programm können Sie sich an Ihre gemeinsamen sexuellen Erlebnisse erinnern und alles in Ihnen beiden will den anderen Partner haben – ganz und gar und bis die „Kiste vor Hitze brennt".

Lesen sich die letzten Worte schön? Es ist in Wirklichkeit noch viel schöner. Wenn auch Sie das Gefühl haben, dass Sie mit Ihrer Frau wie mit einer Schwester leben, dann wird es höchste Zeit, dass Sie gemeinsam aktiv werden. Und bitte warten Sie nicht immer, bis Ihr Partner den ersten Schritt macht. Nicht vergessen! Wieder hat das gute Gespräch die Basis gelegt. Hier noch ein Tipp von einem einundachtzigjährigen Finanzdirektor a.D.: „Immer wenn Sie sich ärgern, sollten Sie sich sofort fragen und untersuchen, über was genau Sie sich geärgert haben. So haben Sie eine echte Chance ein Meister der Früherkennung zu werden. Dies bedeutet, dass Sie eine unschöne Situation sofort erkennen und direkt handeln können, bevor aus der Mücke tatsächlich ein Elefant wird."

Oft werden Sie feststellen, dass echter Streit und tagelanges Anschweigen, ihren Ursprung in einer oft lächerlichen Lappalie hatten. Ganz nebenbei trainieren Sie dabei noch Ihre Kommunikationsfähigkeiten und stärken Ihr Selbstbewusstsein. Und es ist doch völlig in Ordnung, wenn Sie den Partner fragen, was da gerade eben schief lief – Jetzt wo noch alles frisch ist, hat der aktuelle Zorn doch gar keine Chance zu einer tieferen Enttäuschung oder zu Traurigkeit zu führen, wenn wir es ansprechen.

Unser Sohn und unser Enkel sind auf dem Holzweg

Mein Mann und ich sind seit 46 Jahren verheiratet. In dieser Zeit haben wir einige Fehler und sehr vieles richtig gemacht. Unser größtes gemeinsames Werk war und ist sicherlich unser Sohn Ulrich. Wir hätten sehr gerne noch weitere Kinder gehabt. Der liebe Gott wollte das aber offensichtlich nicht. Nach insgesamt drei Fehlgeburten haben mein Mann und ich dies einfach akzeptiert und unseren Sohn mit all unserer Liebe, Zuwendung und unserer Unterstützung bedacht.

Sicherlich hat unser starker Glaube und unser ständiger Zusammenhalt, uns in dieser sehr schweren Zeit die nötige Kraft gegeben. Aufgrund der Nachkriegszeit und der Armut unserer Familien konnten weder mein Mann Paul noch ich, in irgendeiner Form an ein Studium oder sogar Karriere denken.

Wir nahmen jede Arbeit an und sammelten das ein oder andere Kleidungsstück aus dem Müll oder von der Straße auf. Interessant ist die Tatsache, dass ich rückblickend wirklich sagen kann, dass wir nie traurig, niedergeschlagen oder ohne Hoffnung waren. Wir fühlten uns sogar wohlhabend und reich an positiven Gefühlen und unendlicher Zuneigung. Halten Sie es für

Selbstbetrug oder für die Kunst der Bescheidenheit: Paul und ich fühlten nie einen wirklichen Mangel.

Wir hatten alles, was wir brauchten – wir hatten uns. Entschuldigen Sie meine Offenheit, aber wir hatten auch ein sehr schönes und erfülltes Sexualleben. Und dies auch bei nur sechs Grad in unserer Wohnung und mit häufig knurrenden Mägen. Die Tatsache, dass unsere Geschichte in diesem Buch erscheint, freut mich sehr und ich bin mir auch sicher, dass sie einigen Menschen ein kleiner Ratgeber sein kann. Eine kleine Hilfe zur Sensibilisierung: In der richtigen und wichtigen Situation genauer hinhören und versteckte Hilferufe, Angriffe oder Fehlentwicklungen im eigenen Umfeld erkennen und Beachtung schenken.

Ich erzähle kurz von unserem Sohn Ulrich und seiner Familie. Er ist vierundvierzig Jahre alt und seit über siebzehn Jahren mit Iris verheiratet. Auch diese beiden haben nur einen Sohn. Es ist unser Enkel Markus. Ein intelligenter, hochgewachsener und sehr selbstbewusster vierzehnjähriger Teenager. In der Schule ist er auf gutem Kurs und sein Hobby, das Go-Kart fahren, ist seine absolute Leidenschaft. Sein Vater unterstützt ihn darin und hat dieses Hobby auch zu seinem eigenen gemacht. Markus ist ein ansehnlicher und hübscher Bub, der bei den Mädchen sicherlich gut ankommt. Seine Kumpels reden seit Jahren auf ihn ein, dass er sich doch auch im Fußballverein anmelden möge. Für Markus kommt das nicht in Frage. Er hat ein Ziel und das heißt für ihn Formel 1. Sein Zimmer ist rot gestrichen, seine Bettdecke und seine Schultasche- alles rot. Sein Mäppchen und auch sein Kopfkissen haben die Form eines Ferraris.

Sie werden sich jetzt vielleicht fragen, warum ich mit dieser Geschichte in diesem Buch richtig bin. Bis dahin ist doch alles wie in vielen anderen Familien auch. Da gebe ich Ihnen Recht. Parallel zu diesen Entwicklungen, gibt es aber auch Bereiche in dieser Familie, die nicht auf Kurs sind. Noch schlimmer – diese Bereiche haben das unbedingte Potenzial die Familie meines Sohnes zu gefährden und zu zerstören. Für meinen Mann und mich ist es nur eine Frage der Zeit.

Ich möchte Ihnen von unseren beiden Hauptsorgen erzählen. Es wäre uns selbst vielleicht noch nicht aufgefallen, wenn uns nicht unsere Gartennachbarin darauf angesprochen hätte. Was ist denn mit Eurem Ulrich los? Wir wussten nicht, was sie meinte und fragten, was denn der Grund für diese Frage wäre. Er würde sich mit seinem Gerede zum Gespött des ganzen Ortes machen: „Eines Tages fährt der Markus in der Formel 1 und er wäre sein Manager. Und Ende des nächsten Monats würden sie beide für eine Woche nach Italien fliegen. Dort ist ein Sichtungsfahren für Nachwuchstalente und da kämen sogar mehrere Legenden des Automobilsports. Da will er die ersten Kontakte knüpfen."

Ich muss zugeben, dass mein Mann und ich irritiert waren. Da ich aber von zwei Sorgen sprach, komme ich jetzt auch gleich zur nächsten.

Unser Sohn und unser Enkelkind sind ein echtes Team. Dieser Vater und dieser Sohn waren echte Kumpels. Wer aber nicht (mehr) zu diesem Team gehörte, ist unsere liebenswerte Schwiegertochter Iris. Eine sehr schöne Frau, die als Angestellte in einem Blumenladen arbeitete, um so ihren Beitrag zur Haushaltskasse zu leisten.

Diese Haushaltskasse war es, die in der Beziehung eine immer größere Rolle spielte. Die Besessenheit von Markus und vor allen Dingen von unserem Sohn Ulrich hatte nicht nur für die Beziehung zu Iris fatale Folgen. Unser Sohn hatte Geldprobleme. Ohne Absprache mit Iris ging er an die Ersparnisse, um die Flugtickets, das Hotel und die Eintrittskarten für die Reise nach Italien zu kaufen. Es war für ihn selbstverständlich, dass Iris nicht dabei war. Dabei hatten sie das Geld für eine neue und längst überfällige Heizungsanlage zurückgelegt.

Als mein Mann eines Tages bei Iris Blumen kaufte, merkte er sofort, dass sie ihn anders als früher anschaute. Ihr Lächeln war gequält und nach einem kurzen Moment hatte sie Tränen in den Augen. Paul zahlte und wartete in der Nähe des Geschäfts, da er der letzte Kunde vor ihrer Mittagspause war. Als Iris kurze Zeit später den Laden abschloss, um nach Hause zu radeln, ging Paul auf sie zu und fragte ganz direkt, was sie bedrückt. Jetzt weinte sie hemmungslos und griff in ihre Handtasche. Mein Mann bekam von seiner Schwiegertochter einen ganzen Stapel von Post in die Hand gedrückt.

Es waren unbezahlte Rechnungen und mindestens fünfzehn Schreiben von der Hausbank. „Paul", sagte sie zu meinem Mann. „Es tut mir Leid und ich suche seit Monaten mit deinem Sohn das Gespräch. Er lässt es nicht zu und verdrängt die Realitäten."

Während Iris sprach blätterte Paul die vielen Schriftstücke durch. Er war geschockt und setzte sich ganz langsam auf die Treppenstufen des Blumenladens. Sicherlich haben wir unserem Sohn auch schon mal Geld zugesteckt und auch beim Hauskauf haben wir ihn und Iris etwas unterstützt. Die offenen Beträge von denen wir jetzt erfuhren, haben uns einfach nur noch Angst gemacht. Angst um unseren Sohn, unseren Enkelsohn und auch um unsere Schwiegertochter Iris. Iris bettelte uns an, dass wir unseren Sohn nicht direkt darauf ansprechen sollten. Wir versprachen für die nächsten Tage, Ruhe zu bewahren und vereinbarten für den nächsten Vormittag ein Treffen bei uns, allein mit Iris.

Sie erzählte uns von vielen unschönen Situationen und vor allen Dingen von den negativen Verhaltensentwicklungen ihres Mannes und ihres Sohnes. Es begann damit, dass unser Sohn Ulrich immer häufiger unzufrieden von seiner Arbeit als kaufmännischer Angestellter nach Hause kam. Der Chef wäre ein Depp und würde ihn ausnutzen. Keiner würde seine Fähigkeiten erkennen und wäre der Arbeitsmarkt nicht so hart, wäre er längst schon bei einer anderen Firma. Nichts könne man sich leisten, jeder Kinobesuch wäre Luxus und ein neuer Wagen wäre auf Jahre kein Thema.

Dies war der Beginn seiner Spinnerei vom Reichtum. Was Iris wirklich verletzte war seine Aussage, dass sie sich ihre „Blumenschnibbelei" sparen könnte. Sie nütze der Familie nichts und wäre bei diesem Sklavenlohn reine Zeitverschwendung.

In seiner Hilflosigkeit verlor er den Respekt vor ihr und wollte sie verletzen und erniedrigen. In diesem kurzen Moment ging ganz viel kaputt. Sie erzählte, dass auch die Anwesenheit von unserem Enkel Markus das Verhalten von Ulrich nicht beeinflusste. Was dann passierte, war ganz logisch. Iris war die Böse und war auch die böse Mama, die den Traum von der Karriere als Rennfahrer zerstören wollte. Markus verhielt sich gegenüber seiner Mutter, wie es sein Vater ihm vormachte. Unhöflich, lieblos, falsch und ungerecht. Es war nie ein Thema, dass dieser Traum einer Formel 1-Karriere mit Mama gemeinsam realisiert wird. Unter diesen Voraussetzungen sind die Chancen auf allgemeinen Erfolg sehr schlecht.

Wir haben uns mit Iris in ewig langen Gesprächen beraten. Erst nach Stunden fragten wir ganz deutlich, ob sie dieser Beziehung und ihrer Familie noch eine Chance gibt. Ich kann mich noch an diesen Blick von Iris erinnern. Sie schaute zunächst meinen Mann Paul und dann mich an. Ich kannte ihre Antwort bevor Sie sprach. Das „Nein" von ihr habe ich kaum noch wahrgenommen. Wir waren in einer Art

Schockzustand. Unser einziger Sohn war finanziell in einer mehr als prekären Situation und seine Ehe war am Ende. Sie wissen was jetzt kommt. Was haben wir falsch gemacht? Diese Frage ist es, die in neunundneunzig Prozent aller Fälle viel zu spät gestellt wird. Rückblickend haben wir einen wirklich großen Fehler gemacht. Haben Sie eine Idee?

Wir haben uns mit unserer Sorge und unserem Wohlwollen ausschließlich auf unseren Sohn und unseren Enkel konzentriert. Wir haben unsere Schwiegertochter übersehen und mit zu wenig Aufmerksamkeit bedacht. Es muss immer allen Beteiligten gut gehen. Dies ist der einzige Weg zum Ziel.

Wie es weiterging? Iris versprach uns, dass sie noch am gleichen Tag mit unserem Sohn und auch unserem Enkel Markus das Gespräch suchen würde. Sie hatte seit fast einem Jahr ein Verhältnis mit einem ihrer Kunden. Sie würde auf Ihren Teil am Haus verzichten und würde auch sehr kurzfristig die Region verlassen. Unser Sohn versuchte den harten Mann zu spielen und tat nichts zur Rettung der Ehe. Zu lange schon war jede Freude, jede Lust und jede Gemeinsamkeit aus ihrem gemeinsamen Leben verflogen. Das Gespräch zwischen Markus und seiner Mutter lief anders.

Es war sehr tränenreich und Markus verstand viel mehr als sein Vater, was mit seiner Mutter passiert war und was in ihr vorging. Iris gelang es tatsächlich, ihm jedes Schuldgefühl zu nehmen. Sie drückten sich sehr lange und hielten ihre

Versprechungen immer ein. Der Kontakt zwischen den beiden wurde sehr innig und die Liebe zwischen Mutter und Sohn kam tatsächlich mit voller Kraft und Freude zurück. Das Haus wurde von der Bank verkauft, wir unterschrieben noch die Bürgschaft für einen Überziehungskredit und unser Sohn und unser Enkel zogen bei uns ein.

Bitte schauen Sie bei jedem Familienfest und bei jeder Gelegenheit, wie es den Mitgliedern ihrer Familie geht. Dies gilt selbstverständlich auch für Ihren Bekannten- und Freundeskreis. Vielleicht sind die Summen bei Ihnen viel kleiner. Das Thema Hobby ist mit seinen vielen möglichen Begleiterscheinungen aber in sehr vielen Beziehungen eine große Herausforderung und oft der Ausgangspunkt für Probleme und eine Trennung. **Wenn die wirtschaftliche Situation es erlaubt und alle Familienmitglieder beteiligt sind oder ihre Alternativfreuden haben, können Hobbies auch die Quelle ständiger und unendlicher Freude sein.**

Eine frühere Kundin von mir hatte eine Kontaktliste für Ihre Freunde und Verwandten. Was das ist?

Sie schrieb eine Liste mit allen Menschen, die ihr wichtig waren. Oben auf der Liste schrieb sie nebeneinander die Worte: Telefonat − Brief − Persönliches Treffen. E-Mail hatte die Dame noch nicht. Dann trug Sie, z.B. bei ihrer Schulfreundin Gertrut S., in der Spalte „Telefonat" das Datum 10.10.2000 ein. So konnte sie auf einen Blick erkennen, wann mit wem der letzte Kontakt war und wer mal wieder aufzusuchen oder anzuschreiben ist.

Wie oft fragen wir einen Menschen, wie es ihm geht, obwohl uns die Antwort nicht wirklich interessiert? Der oben aufgeführte Weg ist wesentlich schöner und sicher auch einen Versuch wert. Nur so können wir bei unseren Lieben Fehlentwicklungen und mögliche Probleme frühzeitig erkennen und vielleicht wirklich helfen.

Mister Livingstone ist viel netter zu Mama als du

Diese Erzählung steht stellvertretend für die schweren Schicksalsschläge, die viele von uns Tag für Tag erleiden müssen. Sie soll verdeutlichen, dass es neben der Trauer immer ein Morgen gibt. Dieses „Morgen" ist lebenswert und es ist besonders lebenswert, wenn Sie Menschen an Ihrer Seite haben, die Sie lieben. Tun Sie alles dafür, dass Sie Ihre Trauer verarbeiten und dauerhaft damit umgehen können! Tun Sie alles dafür, dass Sie Ihre Lieben nicht unnötig mit Ihrer Trauer belasten! Diese Menschen sind für Sie da und Sie müssen auch für diese Menschen da sein. Scheuen Sie sich bitte nicht, bei einem Schicksalsschlag professionelle Hilfe zu suchen und sie zu nutzen.

Kennen Sie das Gefühl? Ihre Gedanken schweifen gerade ab und im Großen und Ganzen scheint Ihre Welt in Ordnung. Dann wirkt urplötzlich, sehr überraschend und richtig heftig, etwas auf Sie ein. Es kann in unendlichen Variationen und aus allen Richtungen kommen. Ich persönlich werde diesen Moment nie vergessen – Dieser Moment hat die Ehe mit meiner Traumfrau gerettet.

Mein Name ist Aaron und ich bin mit meinen zweiundfünfzig Jahren in den meisten Bereichen des Lebens auf recht gutem Kurs. In der Schule, im Studium und auch im Berufsleben habe ich meine Ziele immer erreicht. Dies war nicht selbstverständlich, denn das Leben hatte mich bereits sehr früh einer Prüfung unterzogen, an der viele andere Menschen zu Grunde gegangen wären.

An meinem vierzehnten Geburtstag hat mich das Schicksal mit größter Härte getroffen. Immer wenn ich davon erzähle, beginnen meine Stimme und mein gesamter Körper zu zittern und die Tränen schießen mir in die Augen.

Es war im Oktober 1970 als meine Eltern und meine Zwillingsschwestern früh morgens das Haus verließen. Sie alle wussten, dass ich einen großen Wunsch hatte. Diesen Wunsch hatte ich schon als sehr kleiner Junge und ich habe ihn immer wieder geäußert. Meine Eltern und meine zwei Jahre älteren Schwestern Carole und Jane hatten mir immer wieder gesagt, dass die Erfüllung des Traumes nicht einfach und vielleicht sogar unmöglich wäre. Es gab in unserer Nähe (wir lebten in den USA) eine kleine Holzkirche mit einer ganz besonderen Orgel, die nur vom Besitzer gespielt werden durfte. Er war Mitglied eines Bridge-Clubs, sehr wohlhabend und in der Gemeinde auch sehr aktiv und angesehen. Was ich nicht wusste, war die Tatsache, dass meine Familie diese Kirche für diesen Tag, meinen Geburtstag, für drei Stunden gemietet hatte.

Sie hatten viele Freunde von mir, Nachbarn und weitere Familienmitglieder eingeladen. Es ist für mich heute noch ein Rätsel, wie sie es geschafft haben, dass ich von den Vorbereitungen und Einladungen nichts mitbekommen habe. Ich selbst wurde von meinem Patenonkel zu Hause abgeholt. Dass er in meinem Leben bereits wenige Stunden später und für viele Jahre die entscheidende Rolle spielen würde, konnte ich in diesem Moment natürlich nicht mal erahnen.

Er fuhr mit mir los und ich war so wahnsinnig aufgeregt, dass ich ihm wirklich Löcher in den Bauch fragte. Er schwieg und gab mir absichtlich völlig falsche Hinweise. Zunächst vermutete ich, dass wir ein Baseballspiel besuchen würden, in einen Freizeitpark fahren oder einfach nur zum Brunch gehen würden. Umso überraschter war ich, als wir plötzlich vor der besagten Kirche standen. Der Parkplatz war voll mit mir bekannten Autos und die Menschen vor und in der Kirche waren mir alle sehr vertraut. Ich freute mich über die Anwesenheit eines jeden Einzelnen.

Als ich aus dem Auto ausstieg und auf die Kirche zuging, spürte ich eine freudig angespannte Atmosphäre. Ich hörte nur, wie meine Cousinen erzählten, dass meine Eltern und meine Schwestern noch nicht da wären. Sie berieten sich mit den Anderen über die weitere Vorgehensweise. Da bekam mein Patenonkel einen Anruf von meiner Mutter. Sie würden im Stau stehen, die Straße wäre vereist und sie würden sich beeilen. Die Gäste sollten schon einmal reingehen und die Veranstaltung sollte starten.

So geschah es. Als alle ihre Plätze eingenommen hatten, erhob sich mein Großvater und hielt eine kurze und schöne Ansprache. Was für ein netter und gescheiter Junge ich doch wäre und das er sich freute, bei dieser besonderen Zusammenkunft dabei zu sein. Er zwinkerte dem Besitzer der Kirche und heutigen Organisten zu und alle sangen und spielten für mich ein wunderschönes „Happy Birthday". Ich genoss diese Minuten sehr. Am Ende des Liedes applaudierten mir alle, umarmten mich und türmten einen kleinen Berg an Geschenken auf. Das für mich größte Geschenk sollte aber noch folgen.

Mr. McKay, der Besitzer der Kirche stand auf und bat mich zu sich nach vorne. Er erzählte mir von der Kirche und seiner Liebe zu ihr. Er berichtete auch von der Orgel und den aufwendigen Restaurierungsarbeiten. Alle hörten gespannt zu. Alle? Nein, meine Familie war immer noch nicht angekommen. Ich kann mich noch heute erinnern, dass ich mich immer unwohler fühlte. Rückblickend kann ich für mich sagen, dass es Vorahnungen gibt, die man weder beschreiben noch analysieren kann. Immer wieder wurde unter den Anwesenden getuschelt, wo meine Eltern und meine Schwestern denn bleiben würden.

Mr. McKay legte den Arm um mich und schaute mir lange in die Augen. Er erzählte, dass seit einundzwanzig Jahren kein Mensch außer ihm auf der Orgel gespielt hätte und er es auch nie jemandem erlauben wollte. Nachdem meine

Eltern ihn aber gebeten hätten für diesen speziellen Tag eine Ausnahme zu machen, hat er es sich anders überlegt. Er hatte Respekt vor meiner Disziplin, Tag für Tag eine Stunde zu üben und suchte insgeheim vielleicht auch einen Nachfolger, der eines Tages sein Werk mit ähnlichem Respekt und Dankbarkeit weiterführen würde. Er nahm mich an der Hand und führte mich zu der Orgel, schob mir den Stuhl hin und setzte mich mit sanftem Schulterdruck vor dieses wunderbare Instrument.

Es war ein sehr bewegendes Gefühl – eine Mischung aus Stolz und riesiger Vorfreude. Es wäre der perfekte Moment gewesen. Aber „Wo bleiben sie?", war mein einziger Gedanke. Mister McKay legte ein mir bekanntes Notenheft hin und er schlug auch direkt mein Lieblingsstück auf. Ein Stück, welches sich mit der Faszination der vier Jahreszeiten auseinandersetzt. Ich habe es nach diesem Tag nie mehr gespielt. Ich spielte noch keine zwanzig Sekunden, als das Handy meiner Tante, der Schwester meiner Mutter, klingelte.

Den Gesichtsausdruck meiner Tante werde ich nie vergessen. Ich wusste sofort, um was es bei diesem Anruf ging. Die Härte mit der mich diese Nachricht gleich treffen sollte, habe ich bis heute, achtunddreißig Jahre später, nicht komplett verarbeitet und werde es auch nie schaffen. Der Anruf kam von einer befreundeten Polizistin. Meine Familie hatte noch letzte Besorgungen machen wollen und war von einem Kälteeinbruch überrascht worden. Der Wagen hatte noch Sommerreifen. Sie wollten schnellstmöglich zur

Kirche kommen und mein Vater versuchte festgefahrene Autos zu überholen. Dabei schleuderten sie in den Gegenverkehr und stießen frontal mit einem Getränkelastwagen zusammen. Das Auto ging sofort in Flammen auf und meine Schwestern und meine Eltern waren auf der Stelle tot.

Meine Tante blieb ganz ruhig sitzen und alle starrten zu ihr hin. Es war ein vollkommen unnatürlicher und nervenzerfetzender Moment. Keiner sprach und alle Beteiligten spürten sofort, dass über diesen Anruf eine dramatische Botschaft mit traurigem Inhalt übermittelt worden ist. Die nächsten Minuten waren für mein Leben ganz entscheidend und ich werde den beteiligten Menschen ewig dafür dankbar sein. Mein Patenonkel Michael beendete diese Stille und bat mit ruhiger und sehr starker Stimme, dass die Anwesenden bitte die Kirche verlassen und auf jeden Fall draußen warten sollten. Während er sprach hielt er die Hand seiner Schwester. Auch Mr. McKay verließ seine Kirche. Ganz automatisch ging ich zu den beiden hinüber.

Wir umarmten uns zu dritt und hielten uns sehr lange sehr fest. Ich fragte ganz direkt, ob sie alle tot waren und meine Tante nickte nur stumm. Noch an diesem Tag fiel die Entscheidung, dass ich zu meinem Patenonkel und seiner Familie ziehe und dauerhaft bei ihnen leben würde.

An dieser Stelle möchte ich die Einzelheiten nicht weiter vertiefen. Wie ging es mit mir weiter? Wie bereits erwähnt, liefen Schule, Studium und der Einstieg in mein Berufsleben glatt und sehr erfolgreich. Michael und seine Familie taten alles Mögliche, um mir ein schönes und gutes Leben zu ermöglichen. Ich fühlte mich sogar geliebt.

Trotzdem habe ich mich in meiner Persönlichkeit geändert. Während ich als Kind und auch noch als Teenager, gerne von meinen Eltern oder Schwestern umarmt wurde, war mir echte körperliche Nähe in späteren Jahren immer unangenehm. Diese Nähe war nur den Menschen erlaubt, die heute nicht mehr da sind. Ich verlor meine Leichtigkeit und meine Fröhlichkeit. Wäre ich in irgendeiner Form suchtgefährdet gewesen, hätte es mich in dieser Zeit sicherlich erwischt. Verstehen Sie mich bitte richtig. Ich wurde kein negativer Mensch, Dauernörgler oder Miesmacher. Ich wurde nur immer stiller und ernster.

Nach einigen sehr oberflächlichen Beziehungen, lernte ich mit sechsundzwanzig Jahren Michelle kennen. Wir waren uns in vielen Dingen ähnlich. Beide arbeiteten wir als Architekten und liebten die Musik. Ich fühlte mich zum ersten Mal in der Nähe eines Menschen wieder wohl – richtig wohl. Sie nahm mich lange Zeit so wie ich war.

Wir hatten uns, beruflichen Erfolg und es kam wie es kommen sollte, nicht musste. Lis wurde geboren und zwei Jahre später hatten wir mit der Geburt von Roger ein komplettes Pärchen. Unsere Tochter Lis sah meinen Schwestern wirklich unglaublich ähnlich. Ich freute mich über diese Entwicklung, aber tat mich schwer es auch zu zeigen.

Von Kunden wurde ich „der Schweiger" genannt. Sie schätzten meine Arbeit und empfahlen mich auch weiter. Doch ich merkte im Laufe der Jahre, dass immer weniger Menschen in meinem Umfeld das normale Gespräch mit mir suchten. Auch meine wunderbare Frau Michelle. Meine Art zu trauern ist, rückwirkend betrachtet, eine ganz besondere Form von Egoismus gewesen. Heute kann ich klar sagen, dass ich mich falsch verhalten habe. Wer mir geholfen hat? Mein knapp vierjähriger Sohn Roger kam eines Tages zu mir und sagte einen Satz, der für mich und meine Lieben so wichtig war:

„Der Herr Livingston ist viel netter zu Mama als Du!"

„Ach ja?" war meine erste Reaktion.

Sie können sich denken, was mir als Mann sofort durch den Kopf schoss. „Was wird da wohl laufen? Wie meint das mein Sohn? Was hat er womöglich beobachtet und wie lange geht das schon? Ist meine Ehe kaputt und wie geht es weiter?"

Kommt Ihnen das auch bekannt vor?

Nachdem ich mich wieder beruhigt und sich mein Blutdruck und meine Atmung wieder stabilisiert hatten, setzte ich Roger auf meinen Schoß und stellte ihm ein paar Fragen. Vorher erwähnte ich noch, dass ich diesen Herrn ja auch sehr nett fand, um die Gesprächsbereitschaft von meinem kleinen Roger nicht sofort einzuschränken. „Wann ist er denn zu der Mama nett und was könnte ich denn besser machen?" waren meine ersten vorsichtigen Fragen. Herr

Livingston würde die Mama immer sehr nett grüßen und dabei freundlich gucken. Er hilft ihr tragen, wenn Sie gemeinsam vom Parkplatz kommen und die Mama Einkäufe im Kofferraum hätte. Zudem würde er Roger immer fragen, ob alles Roger wäre.

„Das ist witzig Papa. Die Mama und ich müssen dann immer ganz viel lachen", fuhr er begeistert fort.

Und überhaupt wäre ich ja immer so ernst und würde ganz selten einen Spaß machen. Lachen wäre doch so toll. „Die Mama lacht auch gerne, aber meistens nur wenn du weg bist."

Wie würde es Ihnen nach solch einer Ansage gehen? Mir ging es sehr schlecht und ich fühlte, dass es Handlungsbedarf in unserer Familie gab.

An diesem Abend brachte ich seit vielen Monaten mal wieder unsere Kinder ins Bett. Ich las Ihnen aus ihrem Lieblingsbuch vor und fragte sie nach ihren Wünschen. Mir wurde bewusst, wie bescheiden Kinder sind. Ihre Wünsche waren weder von der Umsetzung, noch vom Finanziellen eine große Herausforderung. Sie wollten lediglich, dass wir als Familie, viel Spielen, Lachen und gemeinsam Zeit verbringen.

Meine Frau Michelle spürte, dass an diesem Abend etwas anders war und wunderte sich auch nicht, als ich sie bat, mit mir spazieren zu gehen. Wir taten dies sonst nie. Natürlich hatten wir häufig über meine Kindheit und den tragischen Verlust meiner Familie gesprochen. Sie hörte mir immer zu und hatte immer den Wunsch, dass es mir gut ging. Was ich aber immer übersah, war die Tatsache, dass es eine neue Familie gab. Und diese Familie bestand aus meiner Frau, meinen Kindern und mir. Wir sprachen die ganze Nacht und fühlten beide, dass wir diese Situation in den Griff bekommen würden. Warum wir uns so sicher waren? Wir liebten uns und wir waren gerne in der Nähe des anderen. Ich freute mich neben dieser Frau liegen zu dürfen und sie freute sich, wenn wir morgens nebeneinander aufwachten. **Das Zauberwort heißt Verantwortung.**

Ich habe zwar fleißig gearbeitet und auch alle Rechnungen pünktlich bezahlt, aber im emotionalen Bereich war ich fahrlässig und egoistisch. Ich war auf mich und meine Empfindungen fokussiert und habe dabei das Gefühlsleben meiner Frau und meiner Kinder vollkommen vernachlässigt. Natürlich war das Gespräch in dieser Nacht eine Art Aussprache – dies geschah aber ohne jeden Ansatz von Vorwürfen oder Beschimpfungen.

Ich schämte mich jetzt für jeden meiner Gedanken, der in Richtung Fremdgehen von Michelle oder einem Verhältnis mit dem Nachbarn ging. Am nächsten Tag fuhren wir alle vier zu dem Grab meiner Eltern und meiner Schwestern und stellten einen großen bunten Blumenstrauß dort hin. Daneben stellten wir zwei Bilder, die Roger und Lis noch gemalt hatten. Es war als ob ich in diesem Moment, meine Eltern und meine Schwestern von mir freigeben konnte. Durch dieses „Freigeben" war ich wieder in der Lage mich zu freuen, laut zu lachen und alle meine Emotionen wieder aufleben lassen zu können – für mich und jeden anderen Menschen erkennbar.

Was wir dann machten? Wir erfüllten unseren Kindern ihre drei größten Wünsche, die ich ja jetzt kannte. Zunächst gingen wir in den Zirkus mit den Clowns. Natürlich mit einer unglaublich großen Portion Zuckerwatte. Und am nächsten Wochenende fuhren wir in den Country-Freizeitpark mit echten Pferden. Was mich besonders freute, war die Tatsache, dass mein Patenonkel uns begleitete. Seine Anwesenheit machte dieses Wochenende komplett. Ich war ihm so unglaublich dankbar für seine Unterstützung und seine bedingungslose Zuneigung. Er war zwar nicht mein Vater, aber er war trotzdem immer für mich da. Er wusste, wie sehr ich ihn schätzte und respektierte. Dieses Wochenende brachte er noch etwas ganz besonders Hochwertiges. Es brachte mir und Michelle sehr viel Zuneigung, Aufmerksamkeit und Liebe.

Der Zufall wollte es, dass unsere Kinder unbedingt im Hotelzimmer von meinem Patenonkel schlafen wollten. So hatten Michelle und ich die ganze Nacht für uns. Dieses Wochenende war sicherlich eines der schönsten und wichtigsten in meinem Leben. Ich hatte das Lachen aus meinen Kindertagen wieder und wurde ein richtig guter und lustiger Vater. Dass Michelle nicht nur meine Ehefrau, sondern auch endlich wieder meine Geliebte war, machte mein und unser Glück komplett.

„Lerne aus der Vergangenheit, lebe in der Gegenwart und tue alles für eine glückliche Zukunft."

Und dabei lieben wir Euch beide

Aus meinem Tagebuch, 1985

Meine Eltern sind komisch und halten meinen Bruder und mich offensichtlich für etwas doof. Mein Bruder Bastian ist elf Jahre alt und ich bin dreizehn. Mein Name ist übrigens Caroline. Wir sind eine ziemlich normale Familie. Der einzig Verrückte ist unser Meerschweinchen Rambo. Er isst jeden Morgen eine halbe Lakritz-Schnecke. Nein, das ist wohl nicht so ungesund.

Bastian und ich machen uns Sorgen um unsere Eltern. Das geht leider schon so weit, dass ich meinem Bruder vorlesen muss, bis er eingeschlafen ist. Früher wollte er mich nicht in seinem Zimmer haben. Der Grund für diese Veränderung ist sehr ernst und macht uns traurig. Wir glauben, dass sich unsere Eltern trennen wollen. Ich habe noch mit keinem weiteren Menschen darüber gesprochen. Nur mit meiner ABF (allerbesten Freundin) Katja. Das war komisch, als ich ihr davon erzählt habe. Sie sagte, dass es bei ihren Eltern und in ihrer Familie sehr ähnlich wie bei uns laufen würde. Wie wir darauf kommen, ist ganz einfach. Wir haben Augen und Ohren und sehen und hören Tag für Tag, was bei uns passiert und wie sich so Manches in letzter Zeit verändert und verschlechtert hat.

Bastian und ich haben jeder eine Liste geschrieben. Wir waren vor ein paar Wochen mal einen ganzen Tag allein, weil meine Eltern auf einer Feier in der Firma meine Vaters waren. Wir haben uns die Listen vorgelesen. Einiges war uns beiden aufgefallen und somit doppelt, aber es gab Situationen, die nur ich als komisch oder unschön empfunden habe. Ich bin ja auch zwei Jahre älter als mein Bruder. Am besten zähle ich mal alle Punkte auf:

Bastian:

- Papa spielt wenig und viel zu kurz mit mir.
- Papa ist oft bei seinem Freund Robert. Die basteln dann an einem alten Motorrad.
- Papa bringt nicht mehr jeden Freitag Mais für Popcorn mit.
- Wir machen schon ganz lange keine Ausflüge mehr.
- Zu Oma fahren wir gar nicht mehr.
- Wir gucken nie zusammen Fernsehen.
- Mama massiert nicht mehr Papas Füße
- Wir waren im Winter nicht einmal Schlitten fahren

Caroline:

- Meine Eltern geben sich morgens keinen Abschiedskuss mehr.

- Sie benutzen ihre Kosenamen nicht mehr.
- Sie umarmen sich nicht mehr.
- Papa schläft manchmal im Wohnzimmer.
- Wir dürfen nicht mehr sein Handy und seinen PC benutzen.
- Sie halten sich nie an den Händen.
- Papa kommt nur noch spät nach Hause.
- Papa war seit einem Jahr bei keinem Fest von Verwandten dabei.
- Ich glaube, dass mein Vater mit einer Kollegin zusammen is.t
- Meine Eltern führen keine Gespräche mehr – nur wenige Worte über Schule, Rechnungen und hin und wieder irgendwelche Verträge oder Reparaturen.
- Papa hat letzte Woche schon wieder gesagt, dass Mama ihn nervt
- Papa hat Opa am Telefon gefragt, ob er ihm Geld leihen kann.
- Mama weint in letzter Zeit ganz schön oft.

Ich habe Bastian nicht erzählt, dass Mama und Papa sich spät abends anschreien und böse Worte sagen. Sie beleidigen sich mit den schlimmsten Ausdrücken.

Papa solle zu seiner Freundin ziehen. Zu dieser Schlampe würde er gut passen. Mama hat auch schon ganz oft gesagt, dass sie zu wenig Geld zur Verfügung hätte und kaum noch Essen kaufen könnte. Ich selbst bin schon ganz oft schwarzgefahren, weil ich das Geld für die Monatskarte nicht bekomme. Ich habe keine Schuhe mehr in meiner Größe. Freundinnen habe mir welche geschenkt. Wenn ich so nachdenke, dann fällt mir ein, dass sich meine Eltern schon seit langer Zeit nicht mehr richtig lieb haben.

Vor drei Jahren an meinem zehnten Geburtstag hatten sie auch schon Streit. Es wäre kein Geld für mein Geschenk da und meine Mama wollte keinen Menschen von Papas Familie sehen. Mein Bruder und ich haben immer noch beide lieb und wir wollen nicht, dass sie sich trennen!

Am meisten Angst hat Bastian, dass er von mir getrennt wird. Ich habe ihm versprochen, dass ich bei ihm bleibe – egal wie es weitergeht. Bastian leidet sehr unter diesem ganzen Ärger und dieser saublöden Stimmung bei uns. Er hat sogar in letzter Zeit immer wieder ins Bett gemacht, nachts im Schlaf und er ist auch in der Schule viel schlechter geworden. Mama musste schon zweimal zur Klassenlehrerin. Ich habe Mama und Papa in den letzten Monaten schon mehrfach gesagt, dass sie netter sein sollen und vor allen Dingen nicht vor Bastian streiten sollen. Sie tun wirklich so, als wenn nichts wäre. Wegen ihren roten und verheulten Augen trägt Mama immer häufiger eine Sonnenbrille. Sie erzählt dann einen Unsinn von einer Bindehautentzündung. Sie halten uns wirklich für blind, taub und für kleine Kinder.

Am vorletzten Wochenende wollte Mama mit Papa sprechen. Er hatte keine Lust und machte sich auf, die Wohnung verlassen. Da hat die Mama ihn angeschrien, ihre leere Geldbörse auf den Boden geworfen und sich ihm in den Weg gestellt. Er hat sie nur zur Seite geschoben und ist erst am nächsten Abend wieder nach Hause gekommen. „Was soll ich tun?" denke ich immer? Wäre ich allein, würde ich sofort zu meiner Oma oder meiner Freundin ziehen.

Meine Eltern sehen nur sich, ihre Sorgen und ihre Streitereien. Ihre zwei Kinder sehen und fühlen sie nicht. Niemals kam einer von beiden zu mir und hat mit mir diese Themen und den Ärger besprochen. Bastian hat vorgeschlagen, dass wir unsere Sachen packen und nachts mit den Fahrrädern zur Oma fahren. Ich habe ihm erklärt, dass dies keine gute Idee wäre. Erstens leben Oma und Opa über vierhundert Kilometer von uns entfernt und eine richtige Lösung wäre es auch nicht. Für mich gab es nur zwei Möglichkeiten, diese schlimme Situation zu entspannen oder zu beenden. So kann es einfach nicht weitergehen, war mein einziger Gedanke.

Meinen Eltern jeweils einen Brief schreiben, war mein erster Gedanke. Keine Kopie, sondern ganz persönlich, einen für Mama und einen für Papa. Darin würde ich, ohne Bastian, alles aufzählen was uns an ihr, ihm oder an der gesamten Situation nervt und traurig macht. Meine Planung war, dass ich ihnen ihre Briefe so hinlege, dass sie nach dem Finden des Briefes auch sicher allein und ungestört wären. Für die zweite Möglichkeit benötigte ich etwas mehr Mut und sie konnte mir auch richtigen Ärger mit meinen Eltern einbringen. Ich überlegte mir, welche Person in unserer Verwandtschaft oder unserem Bekanntenkreis unser Familienliebling ist. Das Ergebnis war klar und sehr einfach. Es war Holger, der Bruder meines Vaters.

Mein Vater hatte ein ganz tolles Verhältnis zu ihm und sie waren immer wie allerbeste Freunde. Und zu meiner Mama sagte Holger immer im Spaß, dass er sie jeder Zeit heiraten würde, wenn er nicht homosexuell wäre. Auch zu mir und zu Bastian war er immer supernett und viele unserer schönsten und wertvollsten Geschenke haben wir von Holger bekommen. Ich sprach mit keinem Menschen über meine Gedanken. Ich blätterte gerade in einem Fotoalbum, als mir ein Bild meine Entscheidung abnahm. Dieses Bild war vor etwa vier Jahren aufgenommen worden. Es war am Heiligabend vor der Bescherung im Garten meiner Großeltern. Unsere gesamte Familie, also etwa zweiundzwanzig Menschen, lag sternförmig im Schnee. In der Mitte bildeten Mama, Papa, Holger, Bastian und ich die „weltweit bekannte Menschen-Weihnachts-Pyramide". Wir hatten alle einen unglaublichen Spaß. Ich trennte dieses Foto aus dem Album und legte es in mein Deutschbuch.

Ende meines Tagebucheintrages!

Die folgenden Erlebnisse sind nach meinen Erinnerungen aus dieser Zeit geschildert:

Am nächsten Abend wartete ich vor dem Geschäft von Holger, bis er seinen Optiker-Laden verließ, abschloss und zu seinem Auto ging.

Er war überrascht mich zu sehen, aber umarmte mich wie immer sofort und stellte wieder mal fest, dass ich noch größer und noch schöner geworden wäre. So machten wir das immer. Natürlich merkte er, dass irgendetwas Besonderes in der Luft lag. Er schlug einen Spaziergang vor und ich freute mich sehr, dass er sich die Zeit für mich nahm. Holger nahm mir das Deutschbuch aus der Hand und vermutete, dass Schulprobleme der Grund für meinen Besuch wären. Ich schüttelte den Kopf, nahm das Foto aus dem Buch und gab es ihm.

Er strahlte sofort über das ganze Gesicht und erinnerte sich gut daran. Jetzt war der Zeitpunkt gekommen, in dem ich ihm den Grund meines Besuchs nannte und er verstand mich und die gesamte Situation sehr schnell. Was mich irritierte, war Holgers Blick in diesem Moment. Da war keine Überraschung, Staunen und auch keinerlei Erschrecken zu erkennen. Wir setzten uns auf zwei weiße Steinpfosten, die verhindern sollten, dass Autos in diesen Weg fahren konnten. Wir waren in diesem Moment ganz allein und es war unglaublich ruhig. Er bat mich zu erzählen. Ich hatte das Gefühl, dass mein Onkel haargenau ahnte, was ich ihm erzählen wollte.

Ich berichtete von der Stimmung bei uns, von Bastian und unseren Listen, von den Geldsorgen und einfach alles, was mich beschäftigte und so belastete. Er schaute mich lange an, nahm meine

Hände und umschloss sie ganz fest mit seinen. „Das weiß ich alles und noch manches mehr", sagte er.

Ich kann nicht sagen warum, aber die Art wie er diesen Satz sagte, tat mir gut. Ich war nicht mehr allein und hatte mit Holger einen Mitwisser, den ich sehr mochte. Dazu kam natürlich, dass Holger mich und meine Familie nicht nur mochte, sondern wirklich liebte. Mein Schritt war also richtig gewesen. Holger nahm mich an der Hand und führte mich zielstrebig zu einem Eis-Café, welches nur wenige Meter entfernt gegenüber von seinem Geschäft war.

Er bestellte zwei Tütchen mit jeweils drei Kugeln. Holger kannte meine Lieblingssorten schon seit vielen Jahren. Er leckte mehrfach genüsslich an seinem Eis und erklärte mir in seiner ruhigen Art, dass er mich in diesem Gespräch wie einen Erwachsenen behandeln würde. Mit Bastian sollte ich noch nicht darüber sprechen, vielleicht auch später nicht. Holger schaute sich unsere Listen an und nahm seinen Vierfarbkugelschreiber aus der Brusttasche. Er strich einige Punkte in grüner Farbe einfach durch. Darunter auch meine Vermutung, dass mein Vater eine Beziehung mit einer Kollegin hat. Das beruhigte mich ein wenig. Als er dann mit ein paar Druckbewegungen an seinem Kuli von der grünen zur roten Mine wechselte, wurde mir ganz komisch und sogar richtig schlecht. Diesmal machte er keinen Strich, sondern kringelte ein Wort ganz deutlich und mit dicken roten Linien ein.

Haben Sie einen Tipp, welches Wort es sein könnte? Dieser Begriff ist wie ein Virus und hat unglaubliche Kräfte. Der Begriff allein ist in der Lage, eine gute Beziehung und sogar tiefe Liebe ins Wanken zu bringen. Nicht von heute auf morgen, sondern schleichend und Schritt für Schritt. Es sind die **Geldsorgen**.

Die Gründe dafür, können unterschiedlich sein. Häufig ist die Entwicklung in diese missliche Situation aber die gleiche. Zwei Menschen, die beide einen Beruf und ihr eigenes Einkommen haben verlieben sich ineinander. Sie ziehen zusammen und bekommen Kinder. Das Einkommen sinkt und die Kosten steigen und steigen.

Geldsorgen waren das Problem unserer Familie! Holger erzählte mir, dass es meinen Eltern früher richtig gut ging. Er erzählte mir von tollen Urlauben, einem Motorrad und dem Segelschein, den meine Eltern machten. Mama arbeitete in einer Bank und Papa war schon lange bei der Stadtverwaltung. Sie lachten viel und waren auch gern gesehene Gäste bei Festen und Partys. Mama wurde dann schwanger und ich kam auf die Welt. Die Freude, so Holger, war bei der gesamten Familie riesig groß.

Was die Familie damals nicht wusste, war die Tatsache, dass Mama im vierten Monat der Schwangerschaft gekündigt hatte. Zeitgleich wurde ihnen damals von der Immobilienabteilung von Mamas Bank ein wunderschönes Häuschen angeboten. Holger erzählte, immer noch sein Eis leckend, dass meine Mutter sofort bei ihren ehemaligen Kollegen absagte und dies auch Papa erzählte. Holger machte jetzt eine Pause, aß seine Eistüte mit einem Bissen auf und zerkaute sie ganz langsam. Dabei schaute er mich an und ich spürte, dass die nächsten Worte von besonderer Bedeutung sein würden.

Holger begann seine Worte sehr umständlich und sie kamen deutlich langsamer, als zu Beginn unserer Unterhaltung. Vielleicht wollte er auch nicht schlecht über seinen Bruder sprechen, der ja auch mein Vater war und ist.

Richtig erregt wurde Holger, als er erzählte wie oft er und sein Vater vergeblich auf Holger eingeredet haben. Sie wollten ihn warnen und vor sich selbst schützen. Jeder vernünftige Mensch hätte gemerkt, dass die Kosten meine Familie eines Tages ins Unglück treiben würden. Besessen sei mein Vater gewesen. Besessen von dem Wunsch dieses Haus zu kaufen, um seiner Familie etwas bieten zu können. Es konnte nicht gut gehen. Nur noch ein Gehalt und dazu dann die Kinder. Es kam was kommen musste, waren Holgers Worte.

Mehrere Familienmitglieder liehen meinen Eltern Geld und mein Vater glaubte tatsächlich, dass er es eines Tages zurückzahlen könnte. Die Schulden wurden immer höher und die Zeit der Vorwürfe und der Streitereien begannen in meinem Elternhaus. Meine Mutter wollte eine Halbtagsstelle in ihrer Bank und bekam direkt eine Absage per Post. Ein paar Euro verdiente sie mit der Betreuung von Nachbarskindern. Holger wollte mich jetzt komplett über unsere Situation aufklären, weil er spürte, dass etwas mit meiner Familie passieren müsse – und zwar schnell.

Er rückte noch näher an mich ran und legte seinen Arm um mich. Was er dann erzählte machte mich schon sehr traurig, aber ich war froh diese Information zu haben. Mein Vater würde seit über einem Jahr Tag für Tag Tierfutter in einer Lagerhalle verpacken. Direkt nach der Arbeit und das für ziemlich wenig Geld. Er tat dies, um unser Einkommen zu erhöhen. Die Bank drohe uns mit Zwangsversteigerung und es sei richtig ernst.

Selbst meine Mutter wüsste nichts von diesem Nebenjob meines Vaters. Meine Entscheidung war sofort gefallen und ich erzählte sie Holger. Dieser fragte mich nur, ob ich es ernst meine und wir beschlossen gemeinsam den Plan. Danach ging es mir deutlich besser. Bastian spielte in diesem Plan keine Rolle. Wir wollten ihn nicht unnötig belasten und hatten ja auch keine Ahnung, wie unsere Bemühungen enden würden. Wir mussten jeden Schritt unserer Vorgehensweise genau überlegen und auf jede Reaktion optimal vorbereitet sein. Es dauerte über fünfzig Eiskugeln, verteilt auf sieben gemeinsame Treffen – immer nur Holger und ich.

Zunächst hatten wir etwas ganz Entscheidendes zu klären. Können meine Eltern sich überhaupt vorstellen, miteinander und dauerhaft glücklich zu leben? Ist die Liebe vorbei und Abneigung das stärkste Gefühl? Dies war allein Holgers Job. Er traf meinen Vater „zufällig" vor dem Firmengebäude, wo mein Vater zusätzlich jobbte. Holger wusste ganz genau, dass mein Vater wegen Parkplatzproblemen, immer mit dem Bus zur Arbeit und auch wieder nach Hause fuhr. Da er feste Arbeitszeiten hatte, war es ein Leichtes, ihn abzupassen.

Sie liefen an diesem Abend zu uns nach Hause und nach etwa siebzig Minuten hatten wir unser erstes Ziel erreicht. Mein Vater liebte meine Mutter nach wie vor und er wollte um den Erhalt der Ehe und der Familie kämpfen. Holger bat ihn, in den folgenden Tagen jeden Streit zu vermeiden und etwas mehr Zeit und Aufmerksamkeit für Bastian und mich aufzuwenden. Bei meiner Mutter war es einfacher. Holger überraschte sie eines Morgens mit Brötchen und Croissants und lud sie zu zum Frühstück ein. Zu dieser Tageszeit konnte er sicher sein, dass sonst niemand im Haus war und seine Mitarbeiterin konnte auch mal für zwei Stunden allein im Laden sein.

Holger erzählte mir am gleichen Nachmittag, dass meine Eltern vollkommen unterschiedlich reagiert haben. Während mein Vater angespannt und ängstlich war und echte Zukunftsangst spürte, wusste meine Mutter ganz genau, was in unseren Köpfen vorging. Sie hatte auch die Lösung der gesamten Situation bereits fertig zusammengeschrieben, kalkuliert und durchgeplant. Es gab für meine Mutter nur einen einzigen Knackpunkt, wie sie es nannte. Holger konnte ihr glaubhaft versichern, dass es zu keinem Zeitpunkt eine andere Frau im Leben meines Vaters gab. Es tat ihr auch leid, dass sie an manchen Tagen nicht mehr die Kraft hatte, mit mir und meinem Bruder ausreichend sensibel umzugehen.

Es war für sie wichtig, dass sie sich Anfeindungen von meinem Vater nicht einfach bieten ließ. Sie wollte schreien, schimpfen und ihm zeigen, dass es nicht um Schuld, sondern um Lösungen ging. Kurz vor Ende ihres gemeinsamen Frühstücks, trank meine Mutter mit einem großen Schluck ihren Milchkaffee leer, lächelte ihren Schwager an und schwieg, um noch stärker zu lächeln.

Holger erzählte mir, dass es ein unglaublich intensiver Moment war und ihm diese positive Stille enorm lang erschien.

„Weißt Du, mein Lieblings-Holger, dass mir dieses Haus scheißegal ist und ich es noch keinen einzigen Tag als unser Zuhause empfunden habe?" fragte meine Mutter.

Was mich als Tochter besonders freute, war die Tatsache, dass meine Mutter fühlte und wusste, dass ich für dieses Frühstückstreffen gesorgt habe. Unsere Familie war also viel intakter als mein Bruder und ich es befürchtet hatten. Ich dankte Holger für seine Unterstützung und drückte ihn bei unserer Verabschiedung so lange und so fest wie noch nie.

Wir waren auf sehr gutem Kurs. Obwohl es die wirklich entscheidenden Gespräche zwischen den Hauptpersonen, damit meine ich meine Eltern, noch gar nicht gegeben hatte, spürte ich Entspannung in unserer Familie. Wir waren zwar immer noch nicht die Dauererzähler, Vielspieler und Kissenschlacht spielenden Personen wie früher, aber sowohl der Umgangston, die Mimik und der Blickkontakt verdeutlichten uns die Bereitschaft aller Beteiligten.

Die glücklichsten Augen hatte an einem Samstagnachmittag mein Bruder Bastian. Mein Vater verschenkte ein Ticket für eine Motorradmesse und spielte mit ihm über fünf Stunden ohne jede Pause. Meine Mutter nahm mich an der Hand und ging mit mir zur Tür von Bastians Kinderzimmer. Die beiden Legoarchitekten bemerkten uns nicht. Meine Mutter packte mich zärtlich an beiden Ohren, strahlte mich an und gab mir so etwa fünfundzwanzig Küsschen. Dies war immer unser Ritual, bevor ich ins Bett gegangen bin. An diesem Tag war es das erste Mal nach über einem Jahr. Sie sagte mir, wie sehr sie mich lieb hat und wie unendlich stolz sie auf mich sei. Vielleicht war dies der emotionalste Moment, den ich je mit meiner Mutter hatte.

Im Nachhinein wurde mir klar, dass wir zu diesem Zeitpunkt die wirklich entscheidenden Punkte geklärt hatten. Meine Eltern wollten ein Paar bleiben und wieder ein Liebespaar werden und wir alle blieben eine Familie. Bei einem der letzten Treffen mit Holger hat er mich zum Essen eingeladen. Ohne mich wäre unsere Familie sehr wahrscheinlich zerbrochen und es wären am Ende nur Verlierer geblieben. Er selbst wäre schon lange besorgt gewesen, aber ohne mich wäre er nie so klug, sensibel und richtig vorgegangen.

Es galt nun, den nächsten Schritt vorzubereiten und ich war bereit dafür. Mit Holger an meiner

Seite fühlte ich mich unheimlich stark. Wir suchten uns einen Freitag aus und planten eine „Reunion-Night", wie Holger es nannte.

Bastian übernachtete an diesem Wochenende bei seinem Freund Marcel und so waren wir zu viert – meine Eltern, Holger und ich. Als Ort wählten wir unseren Wintergarten. Die Beleuchtung war nicht zu hell – frische, gut riechende Blumen und leise irische Instrumentalmusik im Hintergrund taten gut und trugen zu einer sehr angenehmen Atmosphäre bei. Damit wir an diesem Abend immer alle zusammen sein konnten, beschlossen wir nicht zu kochen. Die Kühltruhe war voll mit Zitronensorbet und Schokoladeneis und das Essen bestellten wir beim Libanesen. Getränke hatten wir auch reichlich. Alle meine Ängste vor diesem Abend und seinem Ausgang waren nach dem letzten Gespräch mit Holger am Nachmittag nicht vollkommen verflogen und ich war nervös. Meine Eltern hatten wir zwei Tage vorher gebeten, am Freitag um 20:00 Uhr im Wohnzimmer zu sein und sich für den Abend natürlich nichts mehr vorzunehmen.

Was dann in den ersten zehn Minuten passierte, war so irre, so unglaublich und einfach wunderschön. Im Radio kamen gerade die zwanzig Uhr Nachrichten, als mein Vater pünktlich auf die Sekunde die Treppe zum Wohnzimmer runterkam. Er hatte schwarze Straßenschuhe an und trug einen Anzug. Seine Stirn war voll mit Schweißperlen und er begrüßte Holger und mich, seine Tochter, mit Handschlag. Ich spürte wie er am ganzen Körper zitterte und nicht wusste, ob er ernst oder interessiert schauen sollte. Die Spannung wurde fast unerträglich, als meine Mutter, wunderschön mit frisch frisierten Haaren und in einem coolen Hosenanzug, vor Selbstbewusstsein strotzend, auf uns zukam und uns alle drei nacheinander für einen kurzen Moment anlächelte – auch meinen Vater.

Holger wartete bis ich seinen Blickkontakt bemerkte und nickte mir zu. Diesen Blick von meinem Onkel werde ich nie vergessen und wir sprechen heute noch über diesen Moment. Er schaute mich an, wie ein Trainer, der in der letzten Minute des Endspiels beim Stand von 0:0 seinen Spieler vertrauensvoll anlächelt und ihn auffordert den Ball ins Tor zu schießen, damit das ganz große Ziel endlich erreicht wird. Ich verstand sofort und reichte jedem ein Glas mit einem von mir selbst kreierten Cocktail und fing an zu sprechen: „Liebe Mama, lieber Papa und lieber Holger. Zusammen mit Bastian sind wir eine wunderbare Familie, die in den letzten Monaten und Jahren schöne, aber auch unnötige und weniger tolle Erlebnisse hatte. Es ist selbstverständlich, dass man mit immer größer werdenden Ängsten und Sorgen weniger Lebensfreude hat und auch an Freundlichkeit, Wärme und Lieblichkeit verliert. Mir geht es heute nicht um Schuld und um Fehler in der Vergangenheit. Bastian und ich möchten wieder die Familie werden, die wir gewesen sind. Und wir sind uns sicher, dass ihr zwei das auch wollt."

An dieser Stelle spürte ich, wie die Unterlippe meines Vaters zuckte und ihm eine Träne die

Wange runter lief. Er wagte es nicht, meine Mutter anzuschauen, die lächelnd neben ihm stand. „Damit wir so schnell wie möglich wieder Ruhe und Freundlichkeit in unsere Familie bekommen, werden wir das Haus verkaufen und in eine wunderschöne Wohnung ziehen. Es kann nicht sein, dass wir wegen Geldsorgen streiten und wir alle getrennt werden. Wir gehören zusammen. Es darf auch nicht sein, dass du Papa noch einen saublöden Nebenjob hast, um ein paar Euro mehr zu verdienen. Ich weiß, dass Mama dich liebt und du auch Mama." Ich wollte weiter reden, aber es war alles gesagt. Meine Worte hatten alles, was ich mir gewünscht hatte, erreicht. Ich sah meinen Vater zum ersten Mal in meinem Leben weinen und er umarmte meine Mutter wie lange nicht mehr. Mama erwiderte seine Umarmung und beide hielten sich mit geschlossen Augen lange in den Armen. Bis mein Vater mich zu sich zog und meine Mutter Holger am Arm packte. Zu viert standen wir eng umschlungen und voller Freude. Holger war es dann, der für etwas Auflockerung sorgte. Er hob sein immer noch volles Glas, strahlte mit seinen wunderschönen grünen Augen und sagte nur ganz wenige Worte: „Gratulation, ihr habt etwas geschafft, was euch unglaublich stark macht. Nichts kann euch noch auseinander bringen."

Als ob der Lieferant gewartet hätte, klingelte es an der Haustür und wir bekamen unser Essen gebracht. Wir saßen bis in die Morgenstunden und planten und planten und planten. Unsere Familie hatte ihre Freude zurück. Die folgenden

Monate brachten noch die ein oder andere Herausforderung und auch manch dummen Spruch in Bezug auf den Umzug in eine Wohnung, aber das prallte alles an uns ab.

Heute habe ich selbst zwei Kinder und kann meine Erfahrungen aus der Kindheit ganz wunderbar und auch gewinnbringend in meinem Leben nutzen. Meine Eltern leben im Nachbarort und sind jetzt über 38 Jahre verheiratet. Sehr oft frage ich meine Kinder, was sie glücklich macht und ob sie etwas besorgt. Wenn die kleinen Probleme gelöst werden, wird es kaum noch Große geben.

Ich wünsche Ihnen stets viel Freude und den Mut im richtigen Moment bei den richtigen Menschen Ihre Sorgen an- und auszusprechen.

Ihre Caroline

Alkohol, Gewalt, Lügen – es gibt auch Kurzgeschichten

„Du musst ihn sofort verlassen"; „Wie soll das denn enden?"; „Denk an die Kinder!" Das ist aber nicht immer so einfach. Und Außenstehende meinen es oft gut, aber kennen häufig nicht alle Fakten. „Das geht so nicht weiter" – mit diesen fünf Worten ist alles gesagt. Es darf auch so nicht weitergehen! Folgen können Trennung, Therapie, Tragödien oder Tränen sein. Lügen, Alkohol, Gewalt. Das ist die Reihenfolge in Bezug auf die Häufigkeit von Trennungsgründen. Es ist wissenschaftlich erwiesen, dass wir alle am Tag mehrfach lügen. In diesem Kapitel ist nicht etwa die Lüge gemeint, wenn wir beispielsweise die Kollegin für ihr neues Kleid loben, das uns nicht gefällt. Auch nicht die Anerkennung des Trainers für den ausgewechselten Spieler, der mal wieder alles außer dem Ball getroffen hat. Hier ist die Lüge gemeint, die Vertrauen zwischen zwei Menschen zerstört. Es ist die Lüge, die aus einem Team zwei gegeneinander antretende Einzelkämpfer macht. Dieses Verhalten zerstört dermaßen, dass die Beteiligten oft großen und nachhaltigen Schaden nehmen. Auch hier können alle Bereiche des Lebens betroffen sein. Fremdgehen, Geldsorgen, Probleme am Arbeitsplatz, Familienstreitereien und vielleicht auch gesundheitliche Herausforderungen.

Das Zurückziehen und nicht miteinander sprechen ist in vielen Fällen der oft zitierte Anfang vom Ende. Das gute Glas Rotwein, der Schnaps nach dem Essen oder auch das wöchentliche „Abschießen" mit den Kumpels können so viel Freude und Genuss bringen. Der Übergang zum „Glas zu viel" ist im wahrsten Sinne des Wortes fließend. Es kann die Flasche Rotwein sein oder aber der dritte Schnaps. Zu diesem Thema haben wir alle eigene Erfahrungen in unserer Familie, unserem Umfeld oder selbst gemacht. Wie verändern sich die Menschen, wenn sie trinken? Wie oft wird Alkohol getrunken und geht es auch noch ohne? Wie in allen Fällen von Fehlentwicklungen, ist der Zeitpunkt der Erkennung von immenser Bedeutung. Sobald Ihnen etwas auffällt, sollten Sie mit dieser Person sprechen. Ist dies nicht möglich, suchen Sie eine Person Ihres Vertrauens auf.

Das Thema Gewalt in einer Beziehung oder einer Familie ist neben psychologischem Terror sicherlich die schlimmste und unterste Form der Kommunikation.

Hier mein Fazit und meine Zusammenfassung in Bezug auf alle drei Bereiche:
1. Achten Sie von Beginn an und am besten schon vor der Beziehung darauf, ob Sie bei Ihrem Partner oder auch noch potentiellen Partner den Hang zu übermäßigem Trinken, Aggressivität oder auch eventuellen Süchten erkennen. Wie spricht dieser Mensch über seine Mitmenschen? Hat er Respekt, übernimmt er Verantwortung, ist er verlässlich? Dies sind einige Eigenschaften, die Ihnen Anhaltspunkte geben können. „Ich dachte, dass er sich bessert, wenn wir erst mal zusammen leben", ist sicherlich in vielen Fällen ernst gemeint, aber ebenso naiv wie fahrlässig. Liebe kann wunderschön sein und Liebe soll ja auch blind machen können. Halten Sie bitte immer die Augen auf, bevor es zu spät ist.
2. Sollte es in Ihrer Beziehung passieren, dass Alkohol, Gewalt gegen Sie oder Ihre Kinder und auch Unwahrheiten zum Alltag gehören, kann in fast allen Fällen nur noch Hilfe von außen die Situation retten und für ein Ende ohne echte Opfer sorgen. Natürlich wäre es der Königsweg, wenn Sie und Ihr Partner die Lösung selbst finden und so wieder Normalität Einzug in Ihr Leben hält. Dieser Fall ist leider die fast schon exotische Ausnahme. Wem können Sie sich anvertrauen? Gibt es diese Freunde oder Verwandten, die schweigen können und auch wirklich helfen wollen? Wenn ja,

sprechen Sie mit diesen Personen und versuchen Sie diese Menschen als Mentor oder Mediator einzusetzen. Sie sind auch nach reiflicher Überlegung der Meinung, dass es keinen Menschen gibt, der Ihnen helfen kann? Der Weg zum Jugendamt, zum Pfarrer oder zu einem Frauenhaus ist sicherlich ein erster sinnvoller Schritt. Allein die Tatsache, dass Sie Ihre Situation einem anderen Menschen in Ruhe mitteilen können, wird Ihnen gut tun und Ihnen ein erstes kleines „Wir-Gefühl" geben. Es gilt dann eine kluge und abgestimmte Vorgehensweise zu entwickeln.
3. Wirtschaftliche Abhängigkeit, Kinder und die direkte körperliche Bedrohung durch den Partner, sind besonders für Frauen die scheinbar unüberwindbaren Hürden, die ein Verlassen des Ehemanns nicht zulassen. Dazu kommt der selbstverständliche Wunsch, dass Nachbarn, Freunde und Familien nichts von den Problemen mitbekommen sollen. Dazu kann jede Leserin und jeder Leser bestimmt den gleichen Einwand vorbringen – die meisten Nachbarn, Freunde und Familienmitglieder bekommen dies sowieso schon mit. Ein respektloser und unschöner Umgangston in der Familie entwickelt sich und wird schlimmer und schlimmer. Die kommunikativen Verfehlungen in einer Familie werden von den Beteiligten im Laufe von Monaten oder Jahren nicht mehr

als dramatisch wahrgenommen. Es ist ja wieder nur ein wenig schlimmer geworden.

Es ist ähnlich wie beim Thema Übergewicht. Wenn Sie auch in diesem Monat 500 Gramm zugenommen haben, sieht kein Mensch einen großen Unterschied zum Vormonat. Sollten Sie diese Entwicklung aber über Jahre beibehalten, dann sind Sie viel zu dick. Jeder Mensch, der regelmäßig mit Ihnen zu tun hat und Sie mindestens alle zwei Wochen sieht und erlebt weiß, dass bei Ihnen etwas nicht stimmt und Ihre Familie nicht auf gutem Kurs ist. Warten Sie also nicht, bis das Jugendamt oder die Polizei zu Ihnen kommt.

Konzentrierte To-do Liste:

A

Möglichst vor Beginn oder in der Startphase der Beziehung, das Verhalten des Partners genau beobachten und bei Auffälligkeiten das Gespräch suchen. Gegebenenfalls die Beziehung aufgeben, wenn es beim potentiellen Partner an Einsicht oder Willen fehlt – besser ein Ende mit Schrecken als ein Schrecken ohne Ende.

B

Bei Fehlentwicklungen oder Verfehlungen in der Beziehung immer wieder das Gespräch suchen. Sollte dies nicht möglich sein oder nicht fruchten, müssen Sie im engsten Umfeld einen vertrauten Menschen mit einbeziehen und die Situation schildern. Versuchen Sie diesen Menschen als Mediator, als Beschützer und als dritte Person in die Lösungsphase zu integrieren.

C

Bevor alles unerträglich wird und Sie komplett die Kontrolle verlieren, suchen Sie Hilfe beim Jugendamt, der Polizei, der Kirche oder einer Einrichtung in Form eines Frauenhauses.

Der Wandel ist die Beständigkeit des Seins

Wir kennen es von unseren Kindern: Am Heiligabend ist es der neue ferngesteuerte Roboter, der unser Kind fasziniert. Weder der Besuch, die Plätzchen und selbst der Fernseher spielen keine Rolle. Dieser Roboter ist unglaublich und unser Kind ist begeistert und will jede Sekunde mit ihm spielen und alle Funktionen kennen lernen. Bis am nächsten Tag der Onkel zu Besuch kommt und unserem Sohn einen neuen Fußball mitbringt. Sofort verlangt er, dass sich alle warm anziehen und im Garten mit ihm eine Runde kicken.

Unerklärlich? Nein, das ist vollkommen normal und selbstverständlich – genau so sind wir Menschen. Wir bewerten permanent neu und wir alle haben zu jedem Zeitpunkt unser eigenes und sehr persönliches Ranking. Nun ist es so, dass unser Partner aber auch seine eigenen Vorlieben hat und auch diese wechseln sich in Bezug auf ihre Prioritäten immer wieder ab.

Dieser Fakt legt die Basis für eine interessante und abwechslungsreiche Beziehung. Genau an dieser Stelle kann allerdings auch der Ursprung für Kommunikationsprobleme, Streitigkeiten und Missverständnisse liegen.

„Das hast du doch letzte Woche noch so gerne gemacht."

„Ja, das war letzte Woche und heute mach ich lieber etwas anderes."

„Schmeckt Dir das nicht mehr?"

„Doch, aber heute schmeckt mir etwas anderes besser."

Lassen Sie sich nicht davon irritieren und lassen Sie Ihrer Partnerin oder Ihrem Partner genug Spielraum für diese Entscheidungen und auch manchmal Launen. Sprechen Sie miteinander und Sie werden merken, dass Probleme und nervige Diskussionen nicht an der Tagesordnung sein müssen. Heute entscheiden Sie über das Essen und Ihr Partner das Abendprogramm und morgen ist es andersrum. So lernen Sie sich besonders zu Beginn einer Beziehung schnell und gut kennen.

Seien Sie bitte bereit zu Kompromissen und achten Sie darauf, dass es Ihnen immer noch gut geht. Kompromissbereitschaft ist zwingend notwendig. Sie muss aber von beiden Partnern in einem gesunden und gerechten Verhältnis gelebt werden.

Kann ein Klassentreffen eine Beziehung zerstören?

Melanie ist zweiundfünfzig Jahre jung und lebt mit ihrem Mann Harald in einer deutschen Großstadt. Auch nach über dreißigjähriger Beziehung, freuen sie sich noch auf den jeweiligen Partner – morgens, abends und auch am Wochenende.

Sie arbeiten zusammen in der Immobilienbranche und können gut davon leben. Hier wird ein Haus verkauft, dort ein neuer Mieter gefunden und wenn ein Gründer ein kleines Büro braucht, finden Melanie und Harald das auch noch. Kinder haben sie nie bekommen und haben sich damit auch früh und gut arrangiert. Es war ein eiskalter Montagabend im Januar, als Melanie den Briefkasten öffnete und wie immer warf sie die Werbeblätter und Prospekte direkt in den Papiermüll. Übrig blieb, neben ein paar Rechnungen und der Tageszeitung, ein offensichtlich privates Schreiben. Es war handschriftlich an sie adressiert und der Name der Absenderin schien ihr bekannt, aber sie konnte ihn nicht richtig einordnen.

Wer war doch gleich diese Bettina Baier (geb. Brake)? Warum der Geburtsname in Klammern? Melanie ging in die Küche, bereitete sich einen Glühwein und trank den ersten heißen Schluck ganz langsam und doch voller Genuss und Wohlgefühl. Harald war für ein paar Tage auf einer Fortbildung und Melanie hatte für den Abend ein ausgiebiges Bad geplant. Schokotraum stand auf der Flasche und die Heizung im Bad war durch die Zeitschaltuhr schon heute Morgen auf vorheizen eingestellt. Jetzt nahm Melanie den Brief und begann zu lesen. „Hi Mel", begann dieser und da wusste sie sofort wer die Absenderin war.

Mel wurde sie nur von Ihrer Clique aus der Schulzeit genannt. Und Bettina Baier war natürlich Betsy, mit der sie von der ersten bis zur zehnten Klasse immer in einer Reihe gesessen hat. Melanie freute sich über die Kontaktaufnahme und war richtig aufgeregt, als sie über den Termin für ein Klassentreffen las.

Melanie schaute in den Spiegel, drehte sich einmal linksrum und einmal rechtsrum und hob nach selbstkritischer Beschauung beide Daumen hoch. Sie werden Dich erkennen, war ihr Fazit. Melanie überlegte und überlegte, wer denn ihre Mitschüler gewesen waren. Sie kam richtig durcheinander und ständig fielen ihr Gesichter und Namen ein, die mit ihr im Sportverein, in der Berufsschule, in ihrer Nachbarschaft waren oder in einer anderen Schulklasse gewesen sind. Denn einmal hatte Melanie ein Jahr wiederholen müssen, wegen dieser schrecklichen Englischlehrerin Frau – Name vergessen oder verdrängt, sehr gut.

Genau in diesem Moment hatte Melanie in Bezug auf ihre Klassenkameraden, mit denen sie sich jetzt treffen wollte, alle Erinnerungen zurück erlangt. Wie ein Diavortrag sah sie alle Gesichter vor sich und zu fast jedem Gesicht fiel ihr eine Geschichte ein. Manche dieser Geschichten waren traurig, andere aufregend, einige spannend und eine... war anders als alle anderen.

Melanie konnte es kaum glauben, aber sie bekam eine echte Gänsehaut, sie zitterte und ihr war eiskalt. Ist das wirklich möglich, dass Gefühle nach über sechsunddreißig Jahren wie mit einem Schalter angeknipst werden und komplett hier und jetzt präsent sind? Ja, das ist möglich und Melanie spürte es so intensiv, dass sie froh war, in diesem Moment allein zu sein. Ihr liefen Tränen die Wangen herunter, als sie an ihren Schreibtisch ging, das Fach unter der Platte öffnete und das Lesezeichen aus dem seit Jahrzehnten dort befindlichen Poesiealbum nahm.

Dieses Lesezeichen war ein Bild von einer Klassenfahrt, als sie 16 Jahre alt war. Ihre Freundin Betsy hatte sie und ihren Klassenkameraden beim Knutschen erwischt und auf dem Foto festgehalten. Jörg hieß der Junge und sie war nie wirklich mit ihm zusammen, aber wohl immer in ihn verliebt gewesen. Dieser Jörg war einfach ein wirklich cooler Typ. Als Vollwaise bei seinen Großeltern aufgewachsen, war er bereits im Teenageralter vernünftig, sehr sportlich, ein toller Schüler und einfach liebenswert. Er war einer dieser ganz wenigen Typen, die bei Mädchen und Jungs beliebt waren. Es wäre uncool gewesen, ihn nicht zu mögen. Er war so entspannt, offen und freundlich, wie Melanie danach nie wieder ein Mensch begegnet ist. Er war viel mehr der liebe Brudertyp oder als der große Aufreißer. Vielleicht war er genau deswegen der absolute Frauenschwarm. Ihn zu küssen und von ihm geküsst zu werden, war für Melanie sicherlich einer der emotionalsten Momente in ihrem Leben.

Im Vergleich zu Ihrer Hochzeit prickelt dieser Moment deutlich mehr nach, dachte sie für einen Moment und schämte sich ein wenig dafür. Melanie erzählte ihrem Mann von dem Treffen und dieser tat so, als ob er sich für sie freue. Es ist ja häufig so, dass wir Menschen negative Erinnerungen verdrängen und das Schöne bleibt in unseren Gedanken frisch und ohne Verfallsdatum. Das beste Beispiel dafür ist vielleicht die Geburt eines Kindes. „Nie mehr" und „Das war ja die Hölle", sind beim ersten Kind oft die Aussagen der Mütter. Spätestens beim ersten Lächeln der Neugeborenen sind diese Gedanken vergessen und die Bereitschaft für ein weiteres Kind ist lediglich eine Frage der Zeit.

Dann kam der Tag des Klassentreffens und Melanie musste über sich selbst schmunzeln. Sie hatte sich diesen Tag freigenommen, obwohl drei Besichtigungstermine fest eingeplant waren. Ihr Mann war irritiert, aber machte gute Miene zum etwas wirren Spiel seiner Frau. Neun Uhr Friseurtermin, zehn Uhr Maniküre und anschließend noch ein Figur betontes Oberteilchen, welches allen Betrachtern auch eine Chance gab, ihr wunderschönes Dekolleté zu sehen und vielleicht auch zu bewundern. Melanie verfügte über genug emotionale Intelligenz, um nicht den Auftritt einer abgehobenen Karrierefrau erwecken zu wollte. Sie war sich im Klaren darüber, dass Lebenswege sehr unterschiedlich sein können und so wollte sie sympathisch, gepflegt und auch etwas begehrenswert erscheinen.

Ihre Freundin Betsy, hatte sich für das Klassentreffen eine Burg ausgesucht und dort einen kleinen

Rittersaal gebucht. Der Pächter war ihr Onkel und so kamen sie mit einer Pauschale von fünfundvierzig pro Person Euro aus. Essen, Trinken und auch ein Rahmenprogramm inklusive. Hier parken die Burgfräuleins und Ritter der 10 b, stand auf einem großen Schild neben der Zugbrücke der Burg. Melanie stellte ihren ziemlich neuen Sportwagen ab und betrachtete sich die anderen Wagen.

Das war eine interessante Mischung vom Luxusschlitten, über viel Mittelklasse und auch ein paar älteren Objekten, die wohl nur noch von den angebrachten Aufklebern zusammengehalten wurden. Ganz rechts, unter einer riesigen Fackel stand eine schwarze und mit viel Chrom ausgestattete Harley Davidson. Melanie folgte der Beschilderung und war richtig aufgeregt, als ihr ein junger Mann in einem mittelalterlichen Gewand, die Utensilien für den Abend mit großen Worten überreichte. Sie erhielt einen Umhang, ein Speisemesser und einen Krug. Dann wünschte er ihr ein prächtiges Fest und zum Schluss fasste er sie an den Schultern und riet ihr, dass sie die Burschen und den Wein nicht im Übermaß genießen sollte. Schauen wir mal, dachte Melanie ganz keck für sich und fühlte sich positiv aufgekratzt. Zum Schluss bekam sie noch ein Namenschild und war für alle an diesem Abend die „schwarze Mel".

Betsy hatte wohl wirklich an alles gedacht. Jetzt war er da, dieser Moment und sie trat ganz langsam in den Raum und immer noch war der junge Mann an ihrer Seite. Für einen nicht mal Zwanzigjährigen war er unglaublich galant und professionell. Er wertete diesen Moment wirklich auf. Sicherlich hat er diese

Prozedur schon viele hundert Male vorher vollzogen. Zum Hinsetzen kam Melanie allerdings nicht, denn wie bei einem Footballspiel der ballführende Spieler angegriffen wird, so stürzte sich in diesem Moment Betsy auf sie: „Ich fasse es nicht, Du siehst toll und lass Dich drücken", waren die Worte, die sie nicht sprach, sondern voller echter Freude in den Rittersaal schrie. Melanie freute sich genauso und wusste bereits zu diesem Zeitpunkt, dass der Abend schön werden würde. Hätte sie das wirkliche Ende vorausgeahnt, wäre Melanie sehr wahrscheinlich nicht bei diesem Klassentreffen erschienen – aber alles der Reihe nach.

Der Raum füllte sich immer mehr und es gab viele Küsschen links und rechts, jede Menge Umarmungen und mindestens ebenso so viele Rätsel. Einige waren sehr leicht wiederzuerkennen. Es waren meistens die männlichen Klassenkameraden, die in Bezug auf ihr Körpergewicht keine größeren Zuwächse zugelassen haben. Einige ihrer früheren Mitschüler erkannte Melanie an ihrem Lachen und manche auch nur an einer Geste oder ihrem Gang. Dann gab es eine noch letzte Gruppe – die wirklichen Rätsel.

Bei manchen fragte sie sich, ob sie vielleicht doch einer ihrer Lehrer gewesen waren. Nein viel schlimmer, es waren doch Mitschüler! Hier geht es nicht um Glatze oder ein paar Fältchen. Es geht um die totale Aufgabe der eigenen Persönlichkeit. Natürlich spielen auch die finanziellen Mittel immer wieder eine Rolle, aber der Mensch kann schon mehr für sich und sein Äußeres tun, als es diese ehemaligen Mitschüler offensichtlich getan haben.

Als Melanie diesen Gedanken beendet hatte, kam auf einmal laut prasselnder Applaus auf. Alle blickten zur riesigen hölzernen Eingangstür und jedem im Raum war klar, dass diesen Empfang nur einer bekommen konnte. Da war das Lesezeichen, da kam Jörg. Es war fast logisch, dass auf seinem Namensschild König Jörg stand. Erst später erfuhr Melanie, dass er der Harley-Fahrer war und König wurde, weil sein Motorrad einem Pferd am nächsten kam. Es gibt wohl doch diese ewigen Gewinner.

Mag es Zufall sein oder eine Fügung, in jedem Fall trafen sich die Blicke von Melanie und Jörg sofort und er kam direkt auf sie zu. Sie umarmten sich, vielleicht etwas zu lang. Als Melanie kurze Zeit später wieder für einen Moment allein stand, kam Betsy und flüsterte ihr ins Ohr: „Ich wette, Du hättest ihn jetzt gerne geküsst." Melanie lachte etwas überdreht und spürte, dass Betsy Recht hatte. Das Essen und die Getränke waren lecker, das Programm sehr unterhaltsam und es wurde sehr viel dafür getan, dass alle ihre Freude hatten. Bei manchen Spielchen kam man sich näher und bei einigen sorgte der köstliche Met für echte Ausgelassenheit. Jeder von ihnen musste eine dreiminütige Geschichte erzählen und nach anfänglichen Hemmungen und einiger Stotterei entwickelte sich eine echte Partystimmung. Es wurde getanzt und aus dem Minnesänger wurde nach Mitternacht ein echter Hip-Hopper und das Burgfräulein hatte eine Rockröhre, die die ganze Burg zum Beben brachte – es war einfach schön.

Als Melanie mal kurz an die frische Luft ging, merkte sie, dass sie nicht allein den Weg ins Freie suchte. Jörg stand auf einmal hinter ihr und nahm ihre Hände. Melanie zitterte und war nicht in der Lage etwas zu sagen, ihre Hände zurück zu nehmen oder sonst etwas zu tun. „Ich bin nur wegen Dir gekommen", war das Einzige, was er sagte. Er ließ ihre Hände los, fasste sie zärtlich an den Schultern, drehte sie langsam zu sich und küsste Melanie. Sie ließ ihn und küsste ihn zurück, wie sie ihren Mann sicherlich seit über zwanzig Jahren nicht mehr geküsst hatte. Der ganze Augenblick dauerte keine zwei Minuten und danach gingen sie auch direkt wieder zurück zu den anderen.

Die Feier ging langsam in die Endphase und die Mitschüler verabschiedeten sich nach und nach. Einige, so wie Melanie, hatten ein Zimmer in der Burg reserviert und andere fuhren nach Hause. Man kann heute nicht mehr sagen, ob es der Alkohol, Melanies Gefühle oder eine ihr nicht bewusste Alltagsmüdigkeit war, die sie angetrieben hatte. Sie nahm Jörg zur Seite und flüsterte ihm ins Ohr, dass sie in dieser Nacht einen König in ihrem Bett haben wollte. Melanie hatte keine Ahnung, ob er eine Familie oder eine Partnerin hatte – es war ihr in diesem Moment auch egal. Sie wollte in diesem Moment mal wieder wirklich das tun, nachdem ihr Innerstes verlangte. Sie verabschiedete sich und trank mit Betsy noch einen Kerker-Kaffee. Betsy drückte Melanie lange und wünschte ihr viel Spaß. „Geh aufs Ganze, nimm König und Lanze", flüsterte Betsy ihr ins Ohr und gab ihr noch einen dicken Schmatz. Auch Jörg verabschiedete sie sehr innig und einfach nett. Betsy war eine echte Freundin in diesem Moment und gönnte Melanie den Moment und die Stunden.

Leben Sie Ihr Leben, Sie haben nur dieses Eine! Schlechtes Gewissen? Wie geht diese Story weiter? Da ist doch noch ein Ehemann!

Liebe Leserin, lieber Leser,

diese Geschichte muss jeder von uns selbst weiterschreiben, so wie wir alle die Geschichte unseres Lebens selbst schreiben müssen. Das Schlimmste, was uns Menschen neben Krankheiten und Tragödien passieren kann, ist es, unser Leben nicht mehr selbst bestimmen zu können. Stellen Sie sich folgende Fragen und Sie wissen ein ganzes Stück besser, wie glücklich, abhängig oder fremdbestimmt Sie sind:

Werde ich mit Respekt behandelt? Als Mutter, Vater, Lebenspartner, Freundin, Freund, Mitarbeiter, Vorgesetzter, Nachbar, Vereinsmitglied…?

Viele Menschen kann man meiden, aber einige Beziehungen sind einfach da und wir müssen eine Möglichkeit finden, mit diesen Menschen und Situationen umzugehen: Verändern – Verlassen – Akzeptieren? Wirtschaftliche Abhängigkeit ist oft nicht zu vermeiden. Besonders wenn es Kinder in einer Familie gibt und die Partnerin die berufliche Entwicklung und damit auch die Einkommensquelle auf Eis legt. Besprechen Sie diese Themen frühestmöglich und nutzen Sie auch die Möglichkeit, Dinge auf Papier festzuhalten. Selbst wenn die Liebe frisch und heiß ist, kann dies für beide Partner mehr Sicherheit, Erfüllung und dauerhaft schöne Zweisamkeit bieten.

An dieser Stelle erwähne ich den besonders wichtigen Ratschlag nochmal:

Schon am Anfang werden die Spielregeln besprochen, nicht während des Spiels. Diese einfache Regel gilt auch für alles, was eine Beziehung betrifft.

Aber du hast doch früher so gern getanzt!

Das kennen wir doch alle: Wir lernen einen Menschen kennen und wir mögen ihn Tag für Tag etwas mehr. Wir verlieben uns und wollen immer in seiner Nähe sein. Was müssen wir dafür tun? Richtig, wir mögen von heute auf morgen alles, was dieser Mensch mag. Wir stellen unsere eigenen Interessen, Einstellungen und hin und wieder unseren eigenen Freundes- und Bekanntenkreis hinten an.

Manche von uns mutieren zum Nichtraucher, machen einen auf Vegetarier oder wollen sich von ihrem vierhundert PS starken Umweltverpester trennen, nachdem sie erfahren haben, dass die Angebetete alles für eine gesunde Umwelt tut. In Einzelfällen soll es ja wirklich passieren, dass dieses neue Leben interessanter ist und beide Seiten glücklich sind. In den meisten Beziehungen ist es allerdings der Fall, dass irgendwann der Zeitpunkt kommt, an dem es nicht mehr passt.

Egal, ob es früher oder später passiert – meistens passiert es heftig und für den einen Partner vollkommen überraschend. Der Prozess ist schleichend und beginnt meist mit den gleichen Worten und ganz vorsichtig: Du Schatz, willst du wirklich schon wieder in dieses Tanzlokal? Wollen wir den Spielabend bei Ulla nicht verschieben? Bei der Fahrradtour am Sonntag mit Deiner Clique würde ich gerne mal aussetzen. Das Kochen mit den Nachbarn finde ich schon gut, aber muss das denn jeden Freitag sein?

Ergänzen Sie bitte Ihre persönlichen fünf, zehn oder noch mehr Beispiele. Ist hier etwas schief gelaufen? Ja, und wie so oft, ist es am Anfang einer Beziehung passiert. Hier geht es nicht darum, die Dame oder den Herrn mal für ein sexuelles Miteinander ins Bett zu kriegen. Hier geht es um den Aufbau einer Beziehung, die auf dauerhafte Befriedigung und Erfüllung beider Partner ausgerichtet ist.

Genauso wie wir sagen, dass wir einen Fußballverein, Fisch oder eine Kneipe nicht mögen, so können, sollen und müssen wir auch sonst unsere Meinung sagen. Hier geht es auch um Vertrauen, Respekt und Verlässlichkeit. Damit meine ich nicht die eine oder andere kleine charmante Notlüge, wenn ein neues Gericht nicht perfekt gelungen ist. Vielmehr ist damit die Situation gemeint, wenn Sie Ihrer Partnerin oder Ihrem Partner monatelang vorspielen, etwas zu mögen und dieser sich darüber freut, es mit Ihnen gemeinsam zu genießen. Das ist nicht fair und die Konsequenzen können heftig und schmerzhaft sein. Also sprechen Sie darüber, wie beide ihre Erfüllung finden und vielleicht muss man auch nicht alles gemeinsam machen. Wenn zwei Menschen alles gemeinsam unternehmen, kann das schön sein, aber viel Neues kann man sich dann nicht erzählen.

Lassen Sie Ihre Partnerin oder Ihren Partner fliegen. Er wird zurückkommen, wenn er sich bei Ihnen wohl fühlt. Es geht nicht darum einen Menschen zum Partner zu machen, der sich besonders gut verändern lässt. Wir sollten unseren Partner und unsere Partnerin lieben, wie sie sind.

Arbeitest du zu viel...
vernachlässigst du sie!
Arbeitest du zu wenig...
bist du vielleicht ein Versager!

Es ist die Logik der Scheidung, die diesem Buch den Titel gibt und die ein klares System verlangt. Dieses System ist immer gleich und beide Partner müssen dieses System kennen, verstehen, nutzen und sich daran halten. Jedes Projekt verlangt eine Planung. Diese Planung hat ein Ziel, Zeitangaben und eine strukturierte Vorgehensweise. Dazu kommen die Aufgabenverteilung, Materialien und Sonstiges.

Wenn ich mit meiner Partnerin in acht Jahren ein Haus kaufen möchte, greift das zuvor gelesene genauso, wie wenn ich in vierzehn Tagen ein Grillfest veranstalten möchte oder in zwei Jahren einen Verein gründen möchte. Sprechen Sie mit Ihrem Partner alle Bereiche Ihres Lebens durch und planen Sie mit Hilfe von Etappenzielen. Gestaffelte Ziele sorgen für Zufriedenheit und motivieren, da sie früher und häufiger Erfolgserlebnisse schaffen.

Welche Bereiche gilt es zu beachten? An erster Stelle stehen hier die persönlichen Ziele beider Partner. Berufliche, private, sportliche sind besonders zu erwähnen. Ein großer Virus, der jede Liebe auf Dauer killen kann, ist eine angespannte oder dauerhaft schlechte finanzielle Situation. Hier reicht oft kaufmännisches Denken: Nicht mehr ausgeben, als eingenommen wird. Vorsicht bei Dispo, Darlehen, Krediten und Anschaffungen, die finanziert werden müssen. Wenn zwei Partner große Ziele haben, dann müssen sich beide Partner auch im Klaren darüber sein, dass sie großes leisten müssen. Dies bedeutet manchmal auch Verzicht, Überstunden und perfektes Zeit- und Geldmanagement. Wenn dies allerdings in einer Beziehung optimal umgesetzt wird, kann das auch dauerhaft bei sehr guter Lebensqualität funktionieren. Entscheidend ist die Planung, ständige Kommunikation und, auch wenn die Freizeit dadurch abnimmt, wertige und befriedigende Zweisamkeit.

Schwierig wird es, wenn die Ziele zu groß sind und in keinem gesunden Verhältnis zu Zeiteinsatz oder Einkommen liegen. Kommen dann Arbeitslosigkeit oder gesundheitliche Probleme dazu, sollte schnellstmöglich der Rat von Experten gesucht werden. Fragen Sie sich, was Ihnen wirklich wichtig ist und was Sie allein oder gemeinsam mit Ihrer Partnerin oder Ihrem Partner glücklich macht. Es ist immer wieder überraschend, wie oft die wirklichen Ziele nichts mit Geld zu tun haben. Kennen Sie die „Beerdigungs-Übung"? Hier geht es wirklich um SIE. Diese Übung ist mir immer wieder bei Trainern und Coachs begegnet und ich halte sie für gut und wirklich zielorientiert. Ich schreibe in der Ich-Form, damit Sie die Übung verinnerlichen können:

Ich gehe über einen Friedhof und höre, dass in der Totenhalle wohl Menschen einer Beerdigung beiwohnen. Als ich die Halle betrete, entdecke ich eine ganze Menge Menschen. Einige kenne ich vom Sehen.

Jetzt sehe ich sogar Nachbarn, Geschäftspartner und, Schreck lass nach, meine ganze Familie steht dort. Sie ahnen, wer im Sarg liegt. Ja, ich selbst bin es.

Wo bleibt die von mir beschriebene Übung? Geduld, jetzt kommt sie. Es geht darum zu erkennen, was wir wirklich vom Leben wollen und was uns richtig wichtig ist. Die Antwort darauf gibt genau diese Übung.

Vier Personen, abgesehen vom Pfarrer, sprechen auf dieser Beerdigung. Meine Tochter, mein liebster Geschäftspartner, ein guter langjähriger Freund und vielleicht ein Nachbar oder Stammkunde. Sie selbst schreiben bitte diese vier Beerdigungsreden für Sich und bitte sorgen Sie für absolute Ruhe und ziehen Sie sich zurück, damit Sie weder von anderen Menschen gestört, noch durch Handy oder Mails abgelenkt werden können. Diese vier Reden können für Ihren Seelenfrieden, Ihre wirkliche Erfüllung und auch für Ihre Mitmenschen wichtiger sein, als ein Großauftrag, ein neues Auto oder viele andere scheinbar wichtige Dinge und Aktivitäten.

Was sollen diese Menschen sagen, ohne lügen zu müssen. Soll Ihre Tochter stolz auf Sie sein, dankbar oder Sie einfach nur lieb haben? Was sollen andere über Sie sagen oder warum sollen sich Menschen an Sie erinnern? Hören Sie tief in sich hinein und Sie werden Ihre persönlichsten Wünsche, Ziele und Lebensinhalte finden. Es geht hier auch um das richtige Setzen von Prioritäten. Wie oft haben Sie für Ihren Chef Zeit und nicht für Ihre Familie. Warum haben Ihr Hobby und Ihre Kumpels mehr von Ihnen gehabt, als Ihre Lieben zu Hause? Machen Sie diese

Übung und Sie werden für Veränderungen bereit sein.
Für eine Veränderung zum Positiven ist es nie zu spät.

Du und Karriere – Schuster bleib bei deinen Leisten

Unsere Zeiten sind unsicherer geworden. Selbst ein bescheidenes Leben ist mit einer hauptberuflichen Arbeitsstelle nicht immer zu realisieren. Massenentlassungen, Rekorde bei Insolvenzen und steigende Lebenshaltungskosten sorgen auch in den liebevollsten Familien immer häufiger für Verzicht, Streit und wachsende Unzufriedenheit.

Besprechen Sie auch hier alles gemeinsam. Frauen wollen ihre Männer nicht mit Wünschen oder nötigen Anschaffungen belasten und Männer denken, dass sie immer stark sein müssen. Männer sind nur dann wirklich stark, wenn sie Lösungen erzielen und nicht, wenn sie Probleme vor sich her schieben. Sprechen Sie miteinander und notieren Sie alle Bereiche in denen Sie Handlungsbedarf sehen.

Setzen Sie in Ihrer To-do Liste Prioritäten. Die Rechnung für die Zahnspange Ihres Sohnes ist wichtiger als die Anmeldung im schönen neuen Fitness-Club. Zahlen Sie die Rechnung und gehen dafür Joggen oder suchen Sie sich andere, zunächst kostenfreie Aktivitäten. Für die richtigen Problemfälle suchen Sie bitte den Rat von Experten. Bei allen Themen, die mit Geld, Recht, Schule, Gesundheit oder dem Arbeitsplatz zu tun haben, ist professionelle Beratung oft die einzig sinnvolle Lösung. An dieser Stelle sind Hemmungen nicht angebracht und eventuell lediglich ein Zeichen von Scham, Angst oder auch fehlendem Verantwortungsbewusstsein.

Einen Aspekt will ich noch erwähnen. Passen Ihre Wünsche, Ihre Lebensstandards und Ihre Planungen mit Ihrem Einkommen zusammen? Notieren Sie den Betrag, den Sie monatlich zur Verfügung haben – er gibt die Richtung vor. Wollen Sie im Bereich der Finanzen eine Veränderung vornehmen, dann gibt es nur wenige Möglichkeiten: Sie schrauben Ihren Lebensstandard und Ihre Wünsche herunter. Dies sollte so lange andauern, bis zu mindestens eine schwarze Null als Ergebnis erscheint. Der zweite Weg ist die Erhöhung Ihrer Einnahmen. Sprechen Sie mit Ihrem Vorgesetzten, suchen Sie sich einen neuen Beruf oder starten Sie einen Nebenjob. Das liest sich viel einfacher, als es im realen Leben oft umzusetzen ist. Es gibt aber auch in der heutigen Zeit in Deutschland seriöse Möglichkeiten seine monatlichen Einnahmen zu erhöhen.

Seien Sie also ein Team und sondieren Sie gemeinsam den Markt, die Chancen und die beruflichen Möglichkeiten und Alternativen. Seien Sie vorsichtig, wenn es um Investitionen geht und beschaffen Sie sich immer aussagekräftige und überprüfbare Referenzen. Wenn Sie sich dann für einen neuen Weg entschieden haben – haupt- oder nebenberuflich – dann tun Sie als Team alles dafür, dass Sie eine echte Chance haben. Nicht halbherzig und hin und wieder, sondern mit Begeisterung und ständigem Tatendrang. Planen Sie Ihre Ziele realistisch und geben Sie sich die nötige Zeit! Wir Menschen überschätzen oft, was in kurzer

Zeit erreicht werden kann und wir unterschätzen, was sich über einen längeren Zeitraum entwickeln kann.

Geben Sie sich eine echte Chance und melden Sie sich bei mir, wenn Sie ernsthaft auf der Suche nach Ihrer Chance sind!

Schlusswort und Ausblick

Ja, das nächste Buch wird folgen. Es gibt noch Tausende von Geschichten, die ich mit Ihnen „erleben" und niederschreiben möchte. Mit Ihrem Namen oder auch anonym, Hauptsache wir helfen Menschen glücklicher zu werden!

Eine gute Beziehung ist es wert, dass dafür man Zeit, Gefühle und nicht zuletzt Hingabe und Liebe investiert. Diese Investition muss aber von beiden Partnern kommen und auch in einem gesunden Verhältnis. Kompromissbereitschaft gehört genauso dazu wie Rücksichtnahme und Respekt. Es geht nicht darum, dass man fünf, zehn oder zwanzig Jahre unter einem Dach lebt. Auch das Erreichen der Silberhochzeit ist nicht das wirkliche Ziel.

Was haben Sie von einem fünfundzwanzigjährigen nebeneinander leben, wenn die Lust, die Freude und das Miteinander, nur in der Vergangenheit Ihre Begleiter waren? Eine gesunde, lebens- und liebenswerte Beziehung sieht anders aus und ist eine Art von Tagesgeschäft: Wir müssen Tag für Tag so miteinander umgehen, dass wir gern neben unserem Partner einschlafen und gern neben ihm wach werden. Nur darum geht es. Ist diese Basis gelegt, dann ist der Rest zum großen Teil Freude, Lust und ein wunderbares Leben in einem starken Team. Aus „ich" wird dann immer häufiger „wir" und es gibt nur Gewinner.

Bis sehr bald!

Ihr
Hagen Paluschtzik

Mobil	0171 – 753 9617
Mail	ehe@logik-der-scheidung.de
Homepage	www.logik-der-scheidung.de

* Melden Sie sich bitte auch, wenn es Ihnen oder Ihrem Unternehmen besser gehen könnte. Durch meine beruflichen Projekte habe ich diverse hochwertige Kontakte und Möglichkeiten – Karriere inklusive.